ちくま新書

持統天皇と男系継承の起源

——古代王朝の謎を解く

武澤秀一
Takezawa Shuichi

1570

持統天皇と男系継承の起源――古代王朝の謎を解く【目次】

第二章　神話と結びつく〈持統王朝〉　057

第三章 天皇制の礎——恒久の都と更新の思想をつくる 115

プロローグ――アマテラスと「男系」の溝

天皇は、男系の男子でなければならない？

ということは、男系男子でなければ天皇とはいえない？

いや、男系なら女子の天皇でもよいでは？

なんで女系の女子ではいけないの？


皇室の後継問題が国民の関心を集めています。

テレビやネット、新聞雑誌などで議論が熱く繰りひろげられていますが、たびたびおこなわれる世論調査では女性／女系天皇容認派がいつも圧倒的に優勢です。しかし男系男子絶対派が譲ることはありません。

女性／女系容認派との溝は決定的なまでに深く、結論を得るのは容易ではありません。

本書はそこに一石を投じようとしています。

女性天皇の下、女神が皇室の祖先として活躍する神話がつくられ、女神と女性天皇が混然一体となって、女性天皇を始祖とする王朝が成立した時代がありました。本書はまず、ここに焦点を絞り、神話と歴史文献、考古学的資料、建築をとおして女性王朝の全貌に迫ります。これが第一の要点です。

そこに生じた男系男子継承との深い溝——

溝はどのように埋められて、男系男子に限定する今日にいたるのでしょうか？　これが第二の要点です。

†男系、女系、双系とは

はて、男系とは何でしょうか？

それは、父方の血筋にあること。代々、女親を介さずに、男親でつながっている子孫の系譜です。男親との関係になりますので、父系ともいいます。

逆に女系とは、母方の血筋にあること。男親を介さずに、女親でつながっている子孫の系譜です。母系ともいいます。

そして、男系と女系の双方が入り混じってつながるのが双系《そうけい》です。男系を優先しつつも女系を容認する場合、トータルには双系になります。

もっぱら男系／女系の語がメディアで躍っていますが、我が国の歴史では、じつは双系だった時代が長くつづいていました。

そもそも男系、女系、双系という語は古代にはなく、近代欧米の人類学ではじまった概念です（男系＝patrilineal、女系＝matrilineal、双系＝cognatic）。

そのせいでしょうか、我が国の歴史を探究する書籍や論文で男性／女性をテーマにするものはかなり出ていますが、男系／女系を正面切ってテーマにするのはごく少数にとどまるようです。歴史学の多くは〝触らぬ神にたたりなし〟と、現実の問題から逃避して、様子見を決め込んでいるのでしょうか？

そんな状態ですから、一部の個性的なイデオローグに国民が惑わされるのも無理はありません。

天皇の代替わりについては古来、ずっと不文律できたといわれています。近代に入り、これを明文化する必要に迫られた明治政府が、大日本帝国憲法で「皇男子孫」、旧皇室典範で「男系ノ男子」の語をもちいました。現在の憲法からは消えていますが、皇室典範にはいまも天皇は「男系の男子」と規定されています。ですから、この語にこだわらざるを得ないのです。

†天皇は男系だが、祖先神は女性？

さて議論の前に、確かめておきたいことがあります。

初代神武《じんむ》以来、第一二六代令和の今上《きんじょう》陛下にいたるまで「天皇は全て男系だった、女性天皇はいても女系天皇は一人もいなかった」という話がメディアでよく持ち出されます。また「男系継承が古来例外なく維持されてきた」とは、政府の公式見解です（平成三十一年二月二十二日、衆議院予算委員会）。

しかし歴史を振りかえって、そのような認識は事実にもとづいているのでしょうか？　男系、男系というけれど、いつ、どこで、どのようにして決まったのでしょうか？　そもそも、天皇家における男系継承の起源は、いったいどのようなものだったのでしょうか？

皇室の祖先神が女神アマテラスであることはひろく知られていますが、『古事記』『日本書紀』によれば、その五世孫が「初代神武」（古代では子を一世、孫を二世とする）。

国家ロマンであることを認めたうえで、神話上の存在として「初代神武」に想いを馳せるのは自由です。しかし、これを歴史的実在とみて現実の後継問題を論じるのはなんとも危うい限りです。「初代神武以来」が枕詞のように使われ、これにもとづいて令和の天皇を第一二六代と言ったりするのも考えものです。

「初代神武以来、天皇は全て男系だった、女性天皇はいても女系天皇は一人もいなかった」というのは壮大なフィクションではないでしょうか？

これが著者の抱く素朴な思いであり、この本を書かせた動機の一つです。

そもそも皇室の祖先神が女性ということは、すくなくとも草創期の皇室は女性／女系天皇を排除などしていなかったのでは、と思えてきます。そうみるのが自然で無理のないところでしょう。

むしろ女性／女系天皇は男性に劣らず歓迎されていたのではないでしょうか？

草創期の皇室は、女系とか男系とかにこだわらず、両方を併せ呑む双系だったのでは、と素朴な疑問がわいてきます。

いや中世でも博学多才で知られる関白が「この日本国は和国にて、女の治めはべるべき国なり。天照大神も女体にて渡らせ給ふ……」と書いています（一条兼良《かねら》「小夜寝覚《さよのねざめ》」）。この時代の皇位継承は既に男系男子に固まっていましたから、現実とは違う理想論、〝べき論〟として述べたのでしょう。

すると冒頭で触れた第二の要点に遭遇します。

皇祖神が女性で、皇室は双系からはじまったと思われるのに、その後、なぜ「男系」天皇ばかりになったのでしょうか？

説得力のある説明を著者は聞いたことがありません。本書はこの謎を、神話づくりと皇位継承の事実に照らして、あきらかにしたいと思います。そのアプローチについては、さきにも述べたように、文献や考古学的資料にとどまらず、著者は建築家ですので、この立場から、神話と歴史の舞台となった建築や都市からの視点を活かして、事実に迫ります。

†神話と政治を結び付ける

「女系天皇は一人もいなかった」という人は、「神話は関係ない」「神話と歴史は違う」というかもしれません。

しかし天皇について「神話は関係ない」と言ってしまうと、天皇という存在が危うくなってしまいます。というのも、現代でも多くの国民は天皇にある種、厳《おごそ》かな、言うに言われぬ権威を感じていますが――著者にはそう見えます――、それも神話につながる存在と思えばこそではないでしょうか。

この国でいちばんえらい神さまの子孫。合理性を超えて、そういう雰囲気をいまなお自ずと感じるからこそ、国民の多くは皇室に敬愛の念を抱いているように思われます。

また「神話と歴史は違う」というのは、確かに一般論としてはそのとおりです。

しかし古代にあって神話は、我々がふつうにイメージする素朴な神話と違い、政治状況をリアルに反映している場合があります。

反映というより、むしろあたらしい神話をつくって現実を先導することすらありました。いわば、つくったばかりの神話を政治の道具とし、これをテコに天皇を権威付けし、それまでなかったような皇位継承をなしとげてしまうのでした。第二章で詳述しますように、天皇の起源を語る天孫降臨神話は、まさにその典型といえます。

――それは女性天皇持統《じとう》の時代のことでした。

この女性天皇に著者がつよい関心をもつようになったのは、建築家として伊勢神宮を研究してからです。それまではご多聞に漏れず、古代史最大の内乱、壬申《じんしん》の乱に勝利した英雄天武《てんむ》天皇の皇后としてのみ、この女性を見ていました。夫が志半ばで逝去した後、夫のやり残した数多くの事業を引き継ぎ、やり遂げた夫唱婦随の代表例と思い込んでいました。

ところが先入観を振りはらって見てゆきますと、この女性天皇のなし遂げた業績は画期的なことが目白押しで、目を見張ることばかりなのです。これについては本論で具体的に述べましょう。

初物尽くしの多くの業績がわかってくるにつけ、どうもこの女性天皇は夫の事業を単に引き継いだだけではないことが見えてきました。もしかしたら夫天武の遥か上をゆく、とてつもなくスケールの大きい天皇だったのではないか、と考えるようになったのです。

†天孫降臨神話とともに成立した〈持統王朝〉

そして見えてきたのは、この女性天皇の時代に、女神アマテラスを皇室の祖先神とする天孫降臨神話が徐々に醸成されていったことです。多くのひとは、神話は遥か太古の昔のことで、そのあと歴史がつづくと思っておられることでしょう。

しかし天皇の起源を語る天孫降臨神話については、事情が大きく異なります。本論で詳説しますが、神話の内容は太古の物語でも、つくられたのは持統朝でした。これは著者独自の見解ではなく国文学、神話学の定説です。歴史学では一般に神話に関して及び腰ですが、これを認める研究者もいます。

我々が天孫降臨神話を知るのはふつう『古事記』や『日本書紀』をとおしてです。しかし、じつは文書化されるより前の段階で、持統天皇はじつにさまざまなかたちで天孫降臨神話を朝廷に浸透させてゆきました。

持統朝は、天皇の起源を謳い上げる天孫降臨神話とともに成立しました。

この時、持統天皇は自らを皇祖神になぞらえました。皇祖神をあらたに提起して自身になぞらえるとは、自分の血統に神的権威を付与したに等しい所業です。この点を重視して、本書は持統朝であたらしい「王朝」が成立したと見なします。皇祖アマテラスに擬せられた持統天皇は、あたらしい王朝の始祖として登場したのです。

本書は〈持統王朝〉という問題提起をおこない、その誕生から途絶に至る過程を探究します。結論を先回りしますと、〈持統王朝〉を設定することにより、女神アマテラスと男系継承の間の溝がどのようにして出来たのか、そうなった理由がくっきりと見えてきました。

それでは読者を〈持統王朝〉の世界にご案内しましょう。今日の女性／女系天皇の問題に必ずや示唆を、願わくは大きな示唆をあたえてくれることを願って――

第一章

女性を始祖とする王朝への五つの視点

持統天皇像(『小倉百人一首』大日本國風會、1914年より)

〈アマテラス＝持統王朝〉の提起をプロローグで宣言しました。

ここ第一章では、考察の前提となる五つの視点を最初に掲げます。

視点1　列島社会は双系だった
視点2　歴代遷宮が停止して「国家」が出来た
視点3　現実を導くあたらしい神話
視点4　女性天皇は全て「中継ぎ」だったか？
視点5　持統朝を総覧する

古代の大王や天皇、そしてその代替わりを語るとき、必要となる五つの視点です。これらを抜きにいきなり古代を語りはじめると、無理解や思わぬ誤解を引き起こしかねないからです。そのくらい天皇をめぐる古代の諸事情は現代と落差があります。当然、皇室のありかたも変化していますので、このあたりをあらかじめ意識しておきたいと思います。

本章では〈持統王朝〉をめぐる予備的な考察を試みます。粗いスケッチですが、第二章以降への導入を誘うものです。

それではじめましょう。まずは列島社会での代替わりが双系だったことから──

視点1　列島社会は双系だった

この国での家長や首長の代替わりは古来、男系と決まっていたわけではありません。男女双方が互いを認め合い、状況に応じて男系でも女系でも代替わりがおこなわれていました。このことをまず直視したいと思います。

†父方も母方も等しく重んじる

もともと日本列島の社会は、父方も母方も等しく重んじる双系社会でした。このことが古墳時代の埋葬例から近年、あきらかになっています。

対象となるのは古墳時代前期および中期、三世紀半ばから五世紀の古墳に埋葬された遺体です。人骨や歯、そして鏃《やじり》や刀剣、甲冑《かっちゅう》や腕輪などの副葬品が分析され、被葬者たちの性別や血縁関係が割り出されています。

古墳に埋納される遺体は一体と考えがちです。しかし古墳が終末期をむかえる七世紀を除けば、複数の遺体が何代にもわたって埋納されるのがむしろ一般的でした。分析を進めた結果、初葬者の男女比はほぼ一：一といいます。これは驚くべきことで、父系社会ではあり得ません。

それが古墳時代後期、六世紀になりますと男が六五％を示し、すこし父系に寄る双系社会になったことがわかります（清家章『埋葬からみた古墳時代』など）。

弥生時代、縄文時代とさかのぼっても、双系性は大きくは変わらないでしょう。『魏志《ぎし》』倭人《わじん》伝によれば、弥生時代の末期になりますが、何年もつづいた「倭国《わこく》（大）乱」のあとの二世紀末、卑弥呼《ひみこ》が女王に「共立」されました。諸国の王たちが女王を共に推し立てたのです。その都が、よく知られる邪馬台国。共立された卑弥呼は祭祀を担い、その弟が行政をおこなう共治体制でした。こうした〈姉―弟〉によるツートップ体制は列島社会に古くからあったことが知られ、「ヒメ―ヒコ制」と呼ばれます。これも社会が双系的であったことをうかがわせます。

さて卑弥呼の没後に男王が立つも、また戦乱となり、今度は卑弥呼と同族の娘台与《とよ》が再び女王に共立されたとあります。卑弥呼も台与も祭祀王ないしシャーマンの系譜にありますが、当時の社会で女性が隠然たる力を有していたことを物語るといえましょう。

こうした経緯は『日本書紀』に一切触れられていません。編纂者《へんさんしゃ》にとって都合の悪い前史なのでしょう。読みかたによっては『日本書紀』が卑弥呼を示唆している箇所があるともいえますが、正面からの記述を避けているのはあきらかです。

さらに縄文時代にさかのぼらせますと、そこではむしろ女性／女系のほうが優勢だったのかもしれません。

女性をモデルとするさまざまな縄文土偶が大量に発掘されています。それらを見て、その生命力、豊饒さ、呪的な魔術性に心底驚かれたかたも多いのではないでしょうか。生命を産み出し、さらには未来を透視する呪術的神秘の能力——

女性土偶に対しては男根を象った石棒《せきぼう》があります。巨大さを誇るものもありますが、概ね単純な造形に終始しています。これに対し、ほとばしるイマジネーションの多様さと造形性において土偶が発する力は根源的で比類なきものといえるでしょう。列島ではむしろ女性／女系が優勢だったのでは、とさえ思えてきます。

いずれにせよ、列島では男系／女系にこだわることなく、状況に応じて柔軟に代替わりがおこなわれていたのです。この知見は、古代を男から男への父系社会と思い込んでいたこれまでの考古学や歴史学の認識を根底から揺り動かしています。

なお時代は降りますが、文献における男女の表記法に注目しますと、ここにも興味深いことが見えてきます。例えば古代社会で「御祖《みおや》」の語はもっぱら母親を指し、父親は入らないといいます。これなどは母系制のなごりではないでしょうか（黛弘道「古代を彩る女帝と后」）。

また『古事記』では王族の称号に男女の違いはなく、「王《みこ》」で統一しています。これは男女の違いにこだわらない、列島古来の風習のあらわれとみられます。これに対し、中国の目を意識する『日本書紀』では「王」「女王《ひめみこ》」、「皇子《みこ》」「皇女《ひめみこ》」と、はっきりと男女に違いを付けています。これは編纂時の用語法を過去にさかのぼらせたものです。

系譜を起こす際、七世紀末までは一般に双系で書かれており、『古事記』はこれにもとづいていました。しかし『日本書紀』はこれを父系重視に書き換えるのでした（義江明子『推古天皇』ほか）。

†儒教の中国と「無常」の列島社会

中国大陸では儒教的慣習にもとづき、早く紀元前の時代から男系化が進行していました。その根底に男尊女卑の感覚があったことは否定のしようもありません。これに対して列島社会では双系だった時期が長くつづいていたのです。

さもありなんと思います。現代の感覚で即断はできませんが、そもそもルールを厳格に決めて厳守する習性を列島の人びとがもっていたとも思えません。状況に合わせて柔軟に事を運ぶのは、いまでも見られる我々列島人の特性のように思われます。

振りかえれば現代と同じく古代においても、地震や台風をはじめとする天変地異が繰りかえし、容赦なく列島を襲いました。二〇一一年に東北地方太平洋沖地震が起きたことで同クラスの大地震が平安時代にも同じ地域に起きていたことが注目されました（貞観《じょうがん》三陸地震）。『日本書紀』が伝える最古の地震は四一六年ですが、勿論その前から列島は激しく、何度も何度も揺さぶられつづけてきたことでしょう。

　また現在、コロナ禍に悩まされていますが、大きな感染症被害はいまにはじまったことではありません。奈良時代には、本書が最後に言及する「長屋王の変」のあと、天然痘が波状的に列島を襲いました。凶作も重なり、一説には当時の人口の三分の一が亡くなったともいわれます。「変」を起こした藤原四兄弟をはじめ朝廷の要人たちも次々と斃《たお》れました。勿論当時は感染症の知識をもち合わせていませんので、もっぱら長屋王のたたりと畏れられたのでした。

　そうしたなかで列島では自ずと無常、即ち全ては移り変わってゆくという感覚が醸成されたのではないでしょうか。「無常」とは一般に仏教語として使われますが、仏教が入ってくる前から、列島で暮らす人びとはこの世に何一つ変わらぬものはないという感覚を育んできたように思われます。

　あたえられた状況を受け入れ、これに柔軟に適応し、可能な範囲で最善と思う策を選んでその場、その時を乗り越え、生をつないできた列島の人びと――

　場当たり的ともいえますが、そのなかで男も女も互いを認め合い、その場、その時の状況に合わせて臨機応変に暮らしてきたように思われます。固い原理を掲げ、それを墨守するのとは正反対の社会だったのではないでしょうか。勿論、著者の願望を安易に投影することはできません。しかしながら、もともとは、男尊女卑とは無縁の社会だったと思われるのです。

†緩慢に進行する男系化

大陸から男系化の波が入ってきてからも、これが浸透し、双系を男系に塗り替えるには多大の時間を要しました。大陸から海を隔てた列島社会の固有性ゆえに、根付いていた習俗慣習はそう簡単には変わらなかったのです。

近年注目を集める言語地理学や家族人類学によれば、言語や家族形態など、ある地域に文化が興って周囲の地域に拡がってゆく際、外縁に行けば行くほど速度を落とし、従って最外縁の地域に至るには多くの時間を要することがわかっています（エマニュエル・トッド『家族システムの起源』など）。

男系化をめぐる列島社会と大陸との関係は、まさにその好例です。

日本列島は中国文明圏の最外縁に位置し、また海によって隔てられています。海上交通も現代と異なり往時は命懸けでした。命を落とした遣隋使や遣唐使は少なくありません。

そのような状況下にあって列島社会では、もとからあった古い習俗、即ち双系継承が根づよく残る傾向がありました。大陸とは異なる列島社会の固有性といってよいでしょう。

†軍事的要因が男系化を促進した

以上に述べた固有性とは別に、軍事的緊張が男系化を促す面がありました。これは社会で一律に進行したのではなく、支配層が先行し、これに一般層が引っ張られるかたちで進行しました。支配層にあっては五世紀初頭前後から男系化の傾向が出てきました。

これには五世紀初頭の朝鮮半島、とくに高句麗《こうくり》との軍事的緊張が大きく作用したとみられます。『日本書紀』には記されていないのですが――我が国にとって不利なことは記載されない傾向あり――、我が国の軍隊が朝鮮半島に進出し、高句麗軍に撃退されたことを伝える巨大な石碑が彼の地にあります（好太王《こうたいおう》碑、中国吉林《きつりん》省）。朝鮮半島で高句麗に歴史的大敗を喫したことは、歴史学でもひろく認められているところです。

五世紀の難波《なにわ》（大阪府）に出現した伝応神《おうじん》陵古墳（墳長四二五メートル）や伝仁徳《にんとく》陵古墳（墳長四八六メートル）は巨大古墳のなかでも空前絶後の規模を誇ります。これら古墳の極端なまでの巨大化は、軍事的な緊張下、使節団の目を意識して、半島に対する示威行為だった可能性が考古学から指摘されています。

軍事的緊張は古墳の超巨大化に拍車をかけたにとどまらず、特に支配層で男系化を促しました。軍事を担うのは男性ですから、軍事的緊張が男系化を促進したのはわかりやすい動きといえます。

　しかしながら社会全般にまで男系化が浸透したのは非常に遅く、なんと中世、鎌倉時代まで待たねばなりません（トッド、前掲書）。室町時代という見解もあるほどです。このことは戸籍を丹念に調査した結果、判明した成果です。

　このように男系化の進行を遅らせたのは、もともと列島にあった男女双方を認め合うおだやかな双系的感覚がしぶとく生活に根付いていたからにほかならないでしょう。

　列島社会にあって支配層は、それも上層にゆけばゆくほど、外来文化や慣行の受容が早かったといえます。男系化の浸透速度において、支配層と一般庶民層の間にかなり差が見られ、五世紀半ば以降、王位の代替わりで男子が優先されてきたのは事実です。

　しかしその基層に広く深く双系的感覚が根付いていました。このことは知っておきたいところです。

視点2　歴代遷宮が停止して「国家」が出来た

†「歴代遷宮」をご存知ですか？

古代には、歴史学で「歴代遷宮」と呼ぶ慣行がありました。手許の高校日本史Bの教科書には載っていませんので（『新日本史　改訂版』山川出版社）、一般にはあまり知られていないかもしれません。しかし我が国における権力のつくられかた、その特性を知るうえで是非とも知っておきたい、非常に興味深い現象です。

それは王（大王）が居住して政治や祭祀をおこなう王宮が、王の代替わりごとに転々と移るしきたりです。移動の範囲は概ね大和《やまと》（奈良県）と難波。時代的には三世紀後半から七世紀末までです（**図1**）。古墳時代がすっぽり入り、さらに飛鳥時代末期に女性天皇持統によって恒久の都藤原京が建設されるまでつづきました。同じころ、王権を象徴するような巨大な前方後円古墳も大和と難波に分布していました（**図2**）。

即ち、古墳時代と飛鳥時代の大半を占める四百五十年の長きにわたって、王宮の建つ場所は一定せず、絶えず動いていたのです。ということは都も一緒に動いていました。固定された都ではなかったのです。とかくこの時代は巨大古墳にばかり目が向きがち。しかし権力の全体像を知るには古墳にくわえて王宮・王都にも目を向ける必要があります。

もっとも、都といっても当時の都は藤原京や平城京と違い、大型建物が二、三棟並んで王宮をなし、その近くに側近の館が数棟ある程度でした。そうでなければ、王宮が転々と遷ること などできませんし、王宮の建物も萱葺《かやぶ》きで掘立《ほった》て柱によるものですから、確かに移動しやすいか

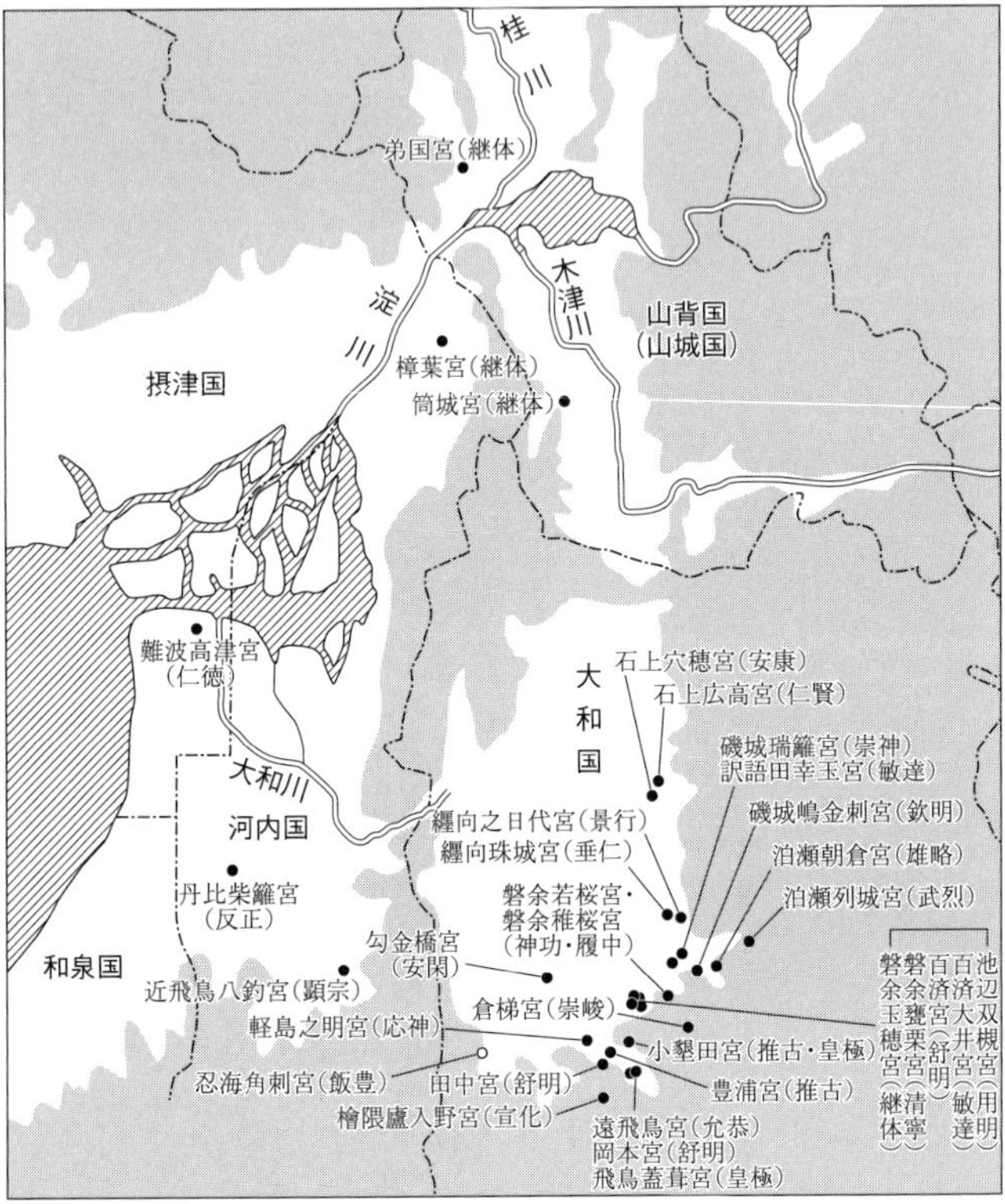

図1　歴代遷宮の分布（王宮は転々と移動していた。○：大王であった可能性のある王女の宮。山田邦和「山陵と京郊の葬地」より作成）

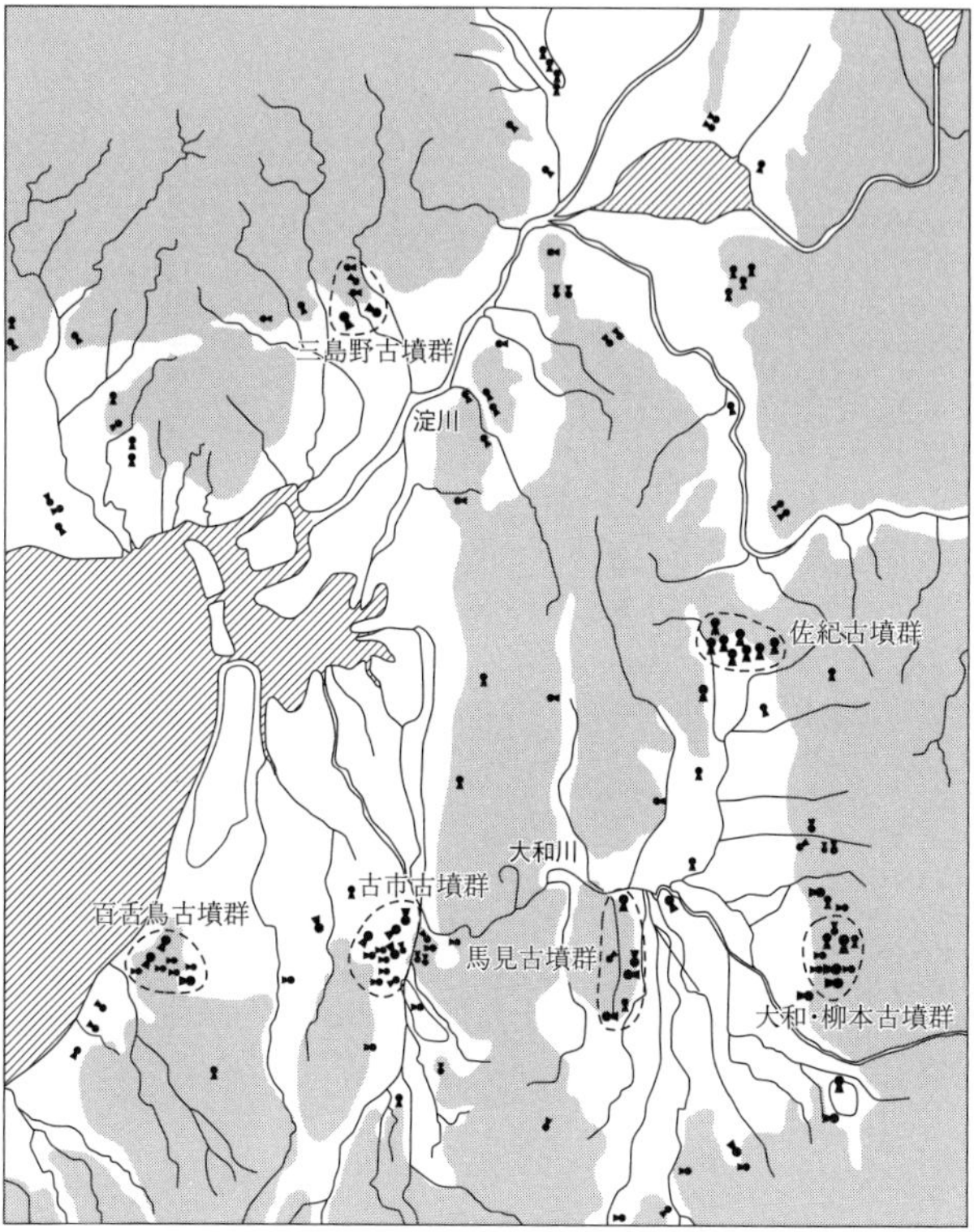

図2　歴代遷宮の時代に築かれた前方後円墳の分布（王宮に近い場合もあれば遠い場合もあった。白石太一郎『古墳とヤマト政権』）

ったといえます（拙著『建築から見た日本古代史』）。

建築家として著者はこの「歴代遷宮」に注目します。

†代替わりごとに移動する王宮と王都

それでは具体的に見てみましょう。

歴史学で実質初代の王とみなされている三世紀後半の崇神《すじん》のころから、王たちは即位のたびごとに場所を変え、王宮を新築していました。『日本書紀』を見ますと、例えば、崇神の王宮は磯城《しき》にある瑞籬《みつかき》宮、垂仁《すいにん》は纏向《まきむく》にある珠城《たまき》宮、仁徳《にんとく》は難波にある高津宮、雄略《ゆうりやく》は泊瀬《はつせ》（長谷）にある朝倉宮というように、まず所在地が示され、次に王宮名がきます。転々と場所を変えていた様子がうかがえるのです。

（磯城は奈良盆地南東の聖地三輪山《みわやま》の南西にひろがる山麓、纏向は三輪山の西部にひろがり、邪馬台国の所在地かと注目されている。泊瀬は三輪山南部で、長谷寺がある。纏向も泊瀬も磯城に含まれる）

王宮は概ね大和盆地内を移動していましたが、難波と大和を往還することもありました。王と豪族、あるいは豪族間の力関係の下、揺れ動く政治状況のなかで王宮は代替わりごとに場所を変えていたのです。豪族の盟主としての王の拠点が四百五十年にもわたって絶えず移動しつづけるさまは、人びとのなかに、更新と再生をもたらすリセットを好む心性を育んだことでしょう。

これだけ長期にわたってつづいていた慣行が、列島に生きる人々のメンタリティや習性に影響を及ぼさないはずはありません。

あるいは逆に、更新と再生をもたらすリセットを好む、言い換えれば、長期にわたる権力の独占やそれがもたらす停滞やよどみを好まない心性がもともと列島社会に育まれていて、それが歴代遷宮という列島ならではの慣行を生んだともいえます。

また考古学のあたらしい成果によれば、常に王が一人だったわけではなく、複数の王が並立していた場合もあったとみられます（坂靖『ヤマト王権の古代学』ほか）。

一人の王が複数の王宮をもつことも、珍しくありません。なかでも六世紀初め、近江出身の継体は特殊で、四カ所に宮をもちました。河内《かわち》の樟葉《くすは》にあった楠葉宮、京都の山城《やましろ》にあった筒《つつ》城《き》宮と弟国《おとくに》宮、最後に到達したのが天の香久山北東の磐余《いわれ》玉穂宮です（前掲**図1**）。『日本書紀』には楠葉宮で五〇七年正月に即位したとありますが、そこから淀川水系に根拠地を広げて二十年後（別伝に七年説あり）、遂に五二六年九月に大和の磐余玉穂宮に入り、そこが自他ともに認める王都になったと考えられます（篠川賢『継体天皇』）。

ひとくちに歴代遷宮といっても実態はさまざまであり、状況に応じてかなり流動的だったこともわかってきました。このような慣行は他国に例を見ない、我が国特有のものであり、そこには強権的な政権を望まない心性が感じられます。

勿論これは、強大な中央集権政府がなかなか出来なかったことの裏返しでもあります。

†王権のリセットとその功罪

五世紀から七世紀前半のころ、大王が亡くなり次の大王を決定する時は基本、有力豪族間の協議にゆだねられるようになりました。大王候補の生母やキサキを出している豪族の発言力が大きかったとみられます。

場所の決定も同様であったでしょう。王宮の場所は、それぞれ根拠地をもつ豪族たちの権益に大いに関わります。新王宮を豪族が建てることもあり、また、少数例ながら、王子時代の宮を大王宮に充てたケースもあったようです（舘野和己「天武天皇の都城構想」）。

強力な中央統一政権というよりは、有力な豪族たちがゆるやかな連合体を組んでいたのです。大王の代替わりごとに王権は君臣の関係を含めて——臣下が留任する場合もありますが——、その都度リセットされていました（熊谷公男『大王から天皇へ』ほか）。大王の代替わりごとにおこなわれるリセットが具体的な形をともなってあらわれる、それが「歴代遷宮」でした。

歴代遷宮の意味に立ち返ってみましょう。

王宮が代替わりごとに場所を変えて新築され、同時に君臣の関係もリセットされることに、どのような意味があったのでしょうか？

まずいえるのはあたらしいこと、若々しいことを歓び、珍重する感性が列島社会に根深くあり、王権の更新と再生をアピールする歴代遷宮は定着しました。これが王権にとっても豪族にとっても〝功〟の要素です。

しかし現実には、大王の指名にしても王宮の場所決めにしても、いま述べたように、豪族主導でなされたことが多くありました。それは即ち、大王の力が豪族たちを抑え込むほど強くなかったことと裏腹の関係にあったのです。

豪族たちに発言権が認められていた歴代遷宮では、王権の側からすると後継指名権が制約されており、王権の継続性において不安定な面がありました。これが王権から見た〝罪〟の要素です。

このように代替わりごとに王宮が場所を転々と変え、王権がリセットされていた時代を見ますと、明治憲法のいう「万世一系」的な継承、つまり、ある一つの血統が皇室典範のいう「男系男子」で初代の神武以来、ずっとつづいてきた、といえるのか疑問に思えてきます。

歴代遷宮がおこなわれていた時代でも「万世一系」「男系男子」がつらぬかれていたのでしょうか。それは不確かであり、かなり危ういのではないでしょうか。

†飛鳥に収束する王宮・王都

歴代遷宮の時代の大王は、いわば豪族連合に推された盟主の位置づけでした。次第に力を蓄えてきた大王がこれを脱却し、代替わりをはじめ王権を主体的に運営したいと考えるようになるのは自然のなりゆきでした。

長期にわたってつづいた歴代遷宮も六世紀末、飛鳥時代に入りますと、王宮は大和でも飛鳥に収束しはじめます。飛鳥に引き寄せたのは、我が国初の本格的仏教伽藍となった飛鳥寺を建立し、ここをあらたな根拠地としたい最有力豪族、蘇我氏のちからでした。王宮の変遷を大王推古《すいこ》からたどりますと、

豊浦《とゆら》宮（推古）→**小墾田《おはりだ》宮**（推古）→**飛鳥岡本宮**（舒明《じょめい》）→百済大宮（舒明）→**飛鳥蓋葺《いたぶき》宮**（皇極《こうぎょく》）→難波長柄《ながら》宮（孝徳《こうとく》）→**後《のちの》飛鳥岡本宮**（斉明《さいめい》）→近江大津宮（天智《てんじ》）→**飛鳥浄《きよみ》御原《はら》宮**（天武《てんむ》）→藤原京（持統《じとう》）

（太字は飛鳥に所在。皇極と斉明は同一人物）

この期におよんでも王宮が難波や近江（滋賀県）に飛ぶこともありました。しかしその都度、

飛鳥に戻るのでした。紆余曲折を経ながらも、王宮は次第に同じ土地、即ち前の大王が宮を構えた跡地に建つようになります。大王への権力集中が徐々に進み、その継続性が維持されてゆくようすがうかがえます。

簡略に説明をくわえましょう。六四二年に即位した皇極は、前大王で夫の舒明が建てた飛鳥岡本宮の跡地を造成し直し、飛鳥蓋葺宮を建てます（翌年完成し遷居）。

従来の歴代遷宮では場所が変わるのが常でしたから、同じ場所に王宮を建てたのは継続性にむかう最初の一歩でした。それは、舒明にはじまる王権のアイデンティティを主張するものでした。

六四五年、飛鳥蓋葺宮で引き起こされた乙巳《いっし》の変（大化改新）によって蘇我氏本流は滅亡し、王宮は難波に遷ります。その後、六五五年に再び即位した斉明（＝皇極）は前回と同じく飛鳥蓋葺宮に入りますが、この宮が焼失。すると同じ場所に後《のちの》飛鳥岡本宮を建てました。

六六一年、我が国と親交のあった百済《くだら》（朝鮮半島西部）が唐軍を前に亡国の危機を迎えました。百済を救い、併せて彼の地の利権を守り抜こうと、大王斉明は筑紫に陣を構えるも病死。息子の中大兄王子は大軍を派遣したものの、白村江《はくすきのえ》で大敗します。その後、唐軍の来襲に備えて都を飛鳥から近江の大津に遷し、中大兄はそこで即位しました（天智天皇）。

天智没後の六七二年に壬申《じんしん》の乱が勃発。天智天皇が息子の大友皇子を後継指名したことに対

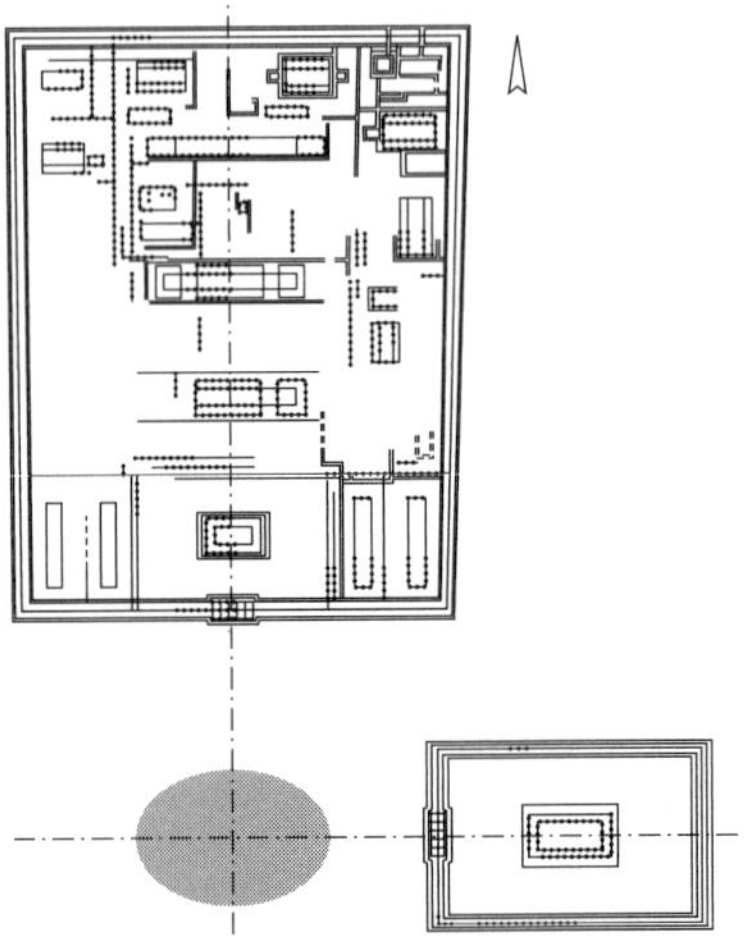

図3　飛鳥浄御原宮／配置図（右下部分を天武が増築。楕円部分が殯宮を建てた南庭か。林部均『飛鳥の都と藤原京』より作成）

する反乱でした（皇子は天皇の息子。大宝律令後は原則、親王と表記）。これに勝利した大海人《おおあま》皇子（天武）とその妃（天智の娘、持統）は飛鳥に帰還。翌年、大海人は母斉明の建てた後飛鳥岡本宮に「宮室《おほみや》」（『日本書紀』）を増築して即位しました。これが天武天皇の飛鳥浄御原宮です。

　壬申の乱は、前天皇天智が決めたことを武力で覆すものでした。自身の即位に正当性をもたせたい天武は、母斉明の営んだ王宮を建て替えて一新するのではなく、これに増築しました（**図3**）。母の王宮を最大限尊重することによって、前々大王斉明とのつながりを誇示したのです。

　斉明が没したのが六六一年。没後十二年の時を埋めるかのように、天武天皇は母から王統を継いだことを目に見える形で示しました。この点を重視するなら、意外かもしれませんが、天武天皇は女系の男性天皇ともいえます（幕間にて詳述）。

†歴代遷宮が停止され、恒久の都と国家体制が構築された

飛鳥で収束段階を迎えていた歴代遷宮は、我が国初の碁盤目状の都、藤原京の建設によってついに終止符を打ちました。この恒久の都は、皇室の権威と権力を不動のものとし、その永続を盤石にしようとするものでした。

この都で我が国初の本格的律令《りつりょう》、つまり律（刑法）と令（行政法）が完備した大宝《たいほう》律令が発せられ、国家体制が整いました。

歴代遷宮が収束する過程のなかで、大王に代わって天皇の語がもちいられるようになりました。それはいつからなのか？　これについては、歴史学のなかでも見解が分かれていますが、大きく推古、天智、天武の三通りに整理されます。

戦後史学では天武とみるのがずっと優勢でしたが、近年では吉川真司京都大学教授が採る天智説も説得力があります。推古説は戦前からあり、これを主張する論者に大津透東京大学教授がいます。

著者はこれまで天武説を採ってきましたが、本書で改めることとし、この語の使用は天智にはじまるとします。次章以降で詳説しますが、天皇としてフルスペックの実質を得たのは娘の持統天皇でした。

視点3　現実を導くあたらしい神話

歴代遷宮が終息に近づき、中央集権国家（＝律令国家）が成立しようとするころ、皇室の祖先神として女神アマテラスが立ち上げられ――意外でしょうがアマテラスは律令国家がつくったあたらしい神なのです――、子孫である天皇を権威付けます。

そして皇祖アマテラスを祭る伊勢神宮で最初の式年遷宮が執りおこなわれ、アマテラスは実体をともなう存在となります。式年遷宮とは社殿を二十年に一度、隣に用意された土地にあたらしい社殿を建て、皇祖神に遷っていただく行事。これにより皇祖神は常に若々しさを保つのでした。

天皇をアマテラスの子孫と位置づける天孫降臨神話によって、天皇および皇族には臣下たる豪族と隔絶した出自と身分があたえられました。

天《あま》つ神の領分として天上に高天原《たかまのはら》が創出され、地上の葦原中国《あしはらのなかつくに》には国つ神が配されます。天つ神は天皇および皇族の、国つ神は豪族たちの奉ずる神。両者の間に明確な一線が引かれるのでした。

†〈ヨコ〉を〈タテ〉に変えた神話

まず神話の時代があり、つづいて歴史の記述がはじまる、というのが今日、ふつうに抱くイメージでしょう。

しかし古代の実態を見ますと、必ずしも全てがそうだったわけではありません。むしろ逆に、神話をあらたにつくり上げ、葬儀や即位式、大嘗祭《だいじょうさい》など重要な場面でこれを唱え、演じる、今風にいえばパフォーマンスを繰りひろげます。神話をテコにして現実を動かし、目的を達成してゆく、そういう面がつよくありました。

その好例として、天皇の由来を物語る天孫降臨神話の創作がありました。高天原におわす皇祖アマテラスが地上に孫を降すストーリーで、その子孫が天皇になります。この話はずいぶんと古い時代からあったように思われるかもしれませんが、じつはそうではありません。七世紀末の持統朝において、天孫降臨神話が着々と形成されてゆくのでした。

あたらしくつくられた神話が代替わりのあり方を転換してゆきます。その結果が、天武皇子たちの〈ヨコ並び〉継承から、彼らの世代を跳び越えて〈タテ系列〉への転換、即ち持統天皇から孫珂瑠《かる》王への譲位でした。

通例とされてきた〈ヨコ〉の兄弟間継承から、〈タテ〉つまり〈祖母―（息子）―孫〉という直系継承に転換させたのは、あたらしくつくられた神話のちからがあったればこそ。持統天皇は数多くのパフォーマンスをとおして神話を周知させ、自らをアマテラスになぞらえて権威付けていったのです。

それは天孫降臨神話が『古事記』『日本書紀』に収録される前のことでした。

†神話が現実を権威付ける

八世紀初頭に成立した『古事記』『日本書紀』の天孫降臨神話では、高天原の皇祖アマテラスが地上の葦原中国を治めるために、息子のオシホミミを跳び越し、生まれたばかりの孫ニニギ（男子）を地上に降ろします。息子をパスして幼い孫に天降りを命じるとは極めて不自然です。しかしこれには現実の代替わりが反映されていました。それは、持統天皇の後継問題です。即ち神話と後継問題を突き合わせますと、

地上に降臨を命じる女神アマテラス＝持統天皇
パスされた息子のオシホミミ＝早逝した愛息草壁《くさかべ》皇子
地上に降臨する孫のニニギ＝孫の珂瑠王（文武《もんむ》天皇）

という、非常にわかりやすい対応関係になっています。それにしても、息子を跳び越して生まれたばかりの孫を地上に降ろす、というストーリーには奇異の感が否めません。

そうなったのは持統ただ一人の愛息、草壁皇子が即位を目前にして早逝してしまったからです。ならば幼い遺児の珂瑠に皇位を継がせよう、というのが持統の企みでした。

これを叶えるために、孫の即位を正統化する神話をつくってしまったのです。それが天孫降臨神話でした。つまり息子をパスして孫に降臨させるという神話の不自然な成りゆきは、草壁早逝という現実を反映するとともに、孫の即位を正統化するものでした。

実際、即位を期していた愛息が早逝するや、持統は自ら即位して皇祖アマテラスとしてふるまい、次いで幼い孫に後を継がせました。天孫降臨神話は現実の皇位継承路線にもとづいて創作されたのです。

なお皇祖、皇祖神とは高天原を主宰していて、天孫に地上への降臨を命じる神をいいます。その子孫が歴代天皇になります。

（アマテラスと持統を重ねる研究者は少なくない。筑紫申真、上山春平、大山誠一、新谷尚紀など）

†〝神として〟即位した天皇

六八九年、愛息草壁皇子を送る柿本人麻呂の挽歌《ばんか》のなかで、天孫降臨神話が芽を吹き出しました。

翌六九〇年、持統天皇は史上初めて、神として即位しました。次章で詳説しますように、このことは即位式のようすを克明に伝える『日本書紀』からあきらかです。

アマテラスを祭る伊勢神宮も、持統即位の年に挙行された最初の式年遷宮を機に、稲倉のような正殿が宮殿に仕立て直されました。〈アマテラス＝持統〉の住まう宮殿、いわゆる「神明《しんめい》造り」として、伊勢神宮は改めてあらたな出発をします。

さらに翌年には新嘗祭《にいなめさい》に天孫降臨神話を導入して大嘗祭《だいじょうさい》を創始し、自らこれを執りおこないます。

これら天孫降臨神話の〝劇場化〟を想わせる一連の演劇的パフォーマンスをとおして、持統天皇は着々と自らの神的権威を高めてゆきます。自分をモデルとした皇祖アマテラスの役を、自ら堂々と演じ切るのでした。孫への譲位をなんとしてでも叶えるために――

あたらしい祖先神をともなって発足した、あたらしい「王朝」。

プロローグで述べましたように、祖先神をあらたに提起して自身になぞらえるとは、自分の血統に神的権威をあらたに付与したことにほかなりません。故に本書は持統朝にはじまるこの王朝を、〈持統王朝〉と名付けるのです。

†法的にも認められた「双系」王朝

さて持統天皇は、なぜ皇祖神を女神としたのでしょうか？

いま述べたとおり、女性である持統天皇が自らを皇祖神になぞらえるためです。これを叶えるために、弥生時代から伝わる太陽女神ヒルメ（日のおばさん）信仰に着目し、庶民的であったヒルメの神格をグングンと上げてゆくのでした（第二章）。

アマテラス←アマテラスヒルメノミコト←ヒルメ

女性天皇の持統が皇祖神であるかのようにふるまうには、皇祖神が女神であることは不可欠です。そのようにふるまうことにより持統は自らの神的権威を飛躍的に高め、孫への譲位に説得力をもたせます。

女神を皇祖神とし、自らを皇祖神になぞらえたことからわかるように、持統には皇統を男系に一本化する気など全くありませんでした。即ち、持統王朝は男系／女系を問わない、女神アマテラスを祖先神とする「双系」王朝でした。

持統の晩年に完成した大宝律令には、代替わりに関し「女帝の子もまた同じ」と書き込ませました。神話のみならず、法的にも女系を容認したのです。「男尊女卑」の儒教的価値観にもとづく中国の律令ではあり得ないこと。この書き込みは、持統が男系も女系も受け容れる「双系」の考えの持ち主だったことの動かぬ証拠です。

それは第1の視点で触れましたように、当時の一般社会に根づいていた双系継承に通じていました。支配層では男系化が進んでいましたが、社会の底流にある双系継承が一気に朝廷レベルで噴き出したともいえます。

†女性の皇祖神と「男系」天皇の溝

高天原におわす女神アマテラスが天孫に降臨を命じるのは、アマテラスを起点とする女系継承によって皇室の歴史がはじまったことを意味します。

（明治政府が作成し、今も宮内庁が管理する「皇統譜」でアマテラスは「世系《せいけい》第一」）

神話に対応して地上に成立した〈持統王朝〉では、始祖である女性天皇持統から孫の文武が皇位を授かります。この男性天皇は当然、女系です。

（1）神話におけるアマテラスからはじまるながれ

（2）地上における持統からはじまるながれ

これら二つのながれはパラレルです。地上の持統天皇は、高天原のアマテラスに擬されるのでした。

神話と現実は別という考えがありますが、この場合は的を射ていません。神話にもいろいろあります。いま述べたように天孫降臨神話ができたのは非常にあたらしく、『古事記』『日本書紀』編纂の最終段階でまとめられました。そこに至るまでの段階で、さきに挙げたような持統天皇自ら演じるさまざまなパフォーマンスがありました。

現実を動かす手段として、この神話は政治的に編み出されました。繰りかえしになりますが、神話の創作が現実の皇位継承を誘導したのです。

このように女神アマテラスが皇室の祖先神であることと、プロローグで触れた「天皇は全て男系だった、女性天皇はいても女系天皇は一人もいなかった」という主張は大きく矛盾し、そこには深い溝が横たわっています。

皇室の起源および代替わりに関わるこの矛盾は皇室存立の根本問題といえます。どう解きほぐすことができるでしょうか？　これは本書のメインテーマです。

視点4　女性天皇は全て「中継ぎ」だったか？

†女性天皇が頻出した飛鳥・奈良時代

歴史上、女性天皇（大王）は八名、十代あったことは、かなり知られるようになってきました。近年、やや下火になってきたものの、これまでは一般に、彼女たちはみな「男系男子」の皇統をつなぐための「中継ぎ」とされてきました。江戸時代の二名の女性天皇については男系男子の継承がすっかり確立していましたから、間違いなくそういえるでしょう。

しかし、古代における六名八代の女性天皇（大王）についてはどうでしょうか？初の女性大王となった推古が即位したのが五九二年。古代最後の女性天皇となった称徳《しょうとく》が没したのが七七〇年。飛鳥・奈良時代のほとんどを占めるこの一七八年間のうち、女性天皇（大王）の治世は八十七年にも及びました。男性天皇にくらべて決して引けを取らない年数です。

次章以降で見ることになりますが、大王の段階を脱皮して天皇制システムが確立するのはこの時代です。そこでの女性天皇たちのはたらきやアイデンティティを改めて確認する必要があるのではないでしょうか。この間の歴代の天皇（大王）を列挙しますと、

推古▼―舒明―皇極▼―孝徳―斉明▼―天智―天武―持統▼―文武《もんむ》―元明《げんめい》▼―元正《げんしょう》▼―聖《しょう》武《む》―孝謙《こうけん》▼―淳仁《じゅんにん》―称徳▼

となります（▼は女性を示す。皇極と斉明、孝謙と称徳は同一人物）。

ここに掲げた十五代のうち八代を女性天皇が占めており、優位ぶりを示していて壮観です。彼女ら全てを、「男系男子」の皇統をつなぐための「中継ぎ」に括ってしまうことが今でも多いのですが、女性天皇の即位事情はほんとうにさまざま。個別具体的な事情は次章以降で詳説しますが、この検討を抜きにして、全てを「中継ぎ」とみてしまうのは早合点に過ぎることを述べておきましょう。

「中継ぎ」説への疑問

女性天皇「中継ぎ」説は約一五〇年前、明治憲法と皇室典範の制定過程で生まれました。戦後これを説いて影響力をもったのは、戦後史学をリードした東京大学の井上光貞教授です（「古代の女帝」、発表当時助教授）。

井上は、「もともと天皇は男子であるべきなのに」古代に「女帝が多い」のはなぜだろうかと問います（傍点著者）。問いの立て方、その発想からして、皇室典範に縛られていることが明白といわざるを得ません。かれは女性天皇を「便宜の処置」であり、「仮に即位したもの」と定義しました。

明治二十二年（一八八九年）に発刊された伊藤博文名義、井上毅《こわし》による注釈書「皇室典範義解《ぎげ》」は、女性天皇を幼帝が成長するのを待つための「権宜《けんぎ》」、即ち仮の便宜的処置と位置づけており、井上光貞は直接これに影響を受けていました。

井上の父方の祖父は元外相井上馨《かおる》、母方の祖父は元総理大臣桂太郎。ともに明治政府の重鎮です。比較的リベラルな歴史家として知られた井上ですが、明治国家のイデオロギー色濃厚な名家に生まれ育った境遇は、やはり抜き去りがたいものがあったようです。

というのも、「中継ぎ」説は無意識のうちにも明治憲法にいう「万世一系」、皇室典範にいう「男系の男子」を前提としているからです。戦後七十年を過ぎたいま、その前提こそ、改めて問われているのではないでしょうか。

視点3で述べたように、これまで歴史学は政治と神話との関連を探究することに積極的だったとはいえないようです。

しかし持統朝にあっては天孫降臨神話の形成が、代替わりを〈ヨコ〉から〈タテ〉に転換することを導きました。そういう事情ですから、神話形成の側面を無視してこの時代の歴史を語ることはできないのです。

残念なことに多くの歴史家はこの点を見逃しており、その結果、〈アマテラス王朝〉の始祖たる持統天皇さえも単なる「中継ぎ」とみる早合点に陥ってしまうのです。

他の女性天皇と同じく、持統天皇も夫天武の皇統をつなぐための「中継ぎ」とされていますが、これは、のちに確立された「男系男子」の皇統を過去にさかのぼらせた見方に過ぎず、納得のいくものではありません。

†〈タテ系列〉の天皇制システムを起動した

持統天皇は女性天皇のなかでも突出した存在でした。いや女性天皇に限らず、男性天皇を含めても、天皇として比類なき存在でした。

なぜなら持統天皇は次章で詳しく見るように、新王朝の幕開けと天孫降臨の神話づくりを同時に進行させ、あたらしい神話によってあたらしい王朝を裏付けたのでした。

天孫降臨神話は〈祖母―（息子）―孫〉による〈タテ系列〉の代替わりを明示します。これに並行して、現実の代替わりを兄弟間継承の〈ヨコ並び〉から〈タテ系列〉へと、すっかり変えてしまいました。この大転換の核心となり、自らあたらしいスタートラインに立ち、第一走者となったのが持統天皇だったのです。

このダイナミックな動きは代替わりにおける一大転換といえ、これを主導した持統天皇は到底「中継ぎ」の枠に収まりません。そもそも「中継ぎ」とは、〝前〟と〝あるべき後〟が定まっていて、その中間を埋めるもの。だから「中継ぎ」は「便宜の処置」であり、「仮に即位したもの」などと位置付けられるわけです（前掲、井上）。

持統天皇は六九七年に皇太子の孫に譲位して、初の上皇（「太上《だいじょう》」天皇）となりました。〈上皇―天皇―皇太子〉という、現代にも通じる〈タテ〉の天皇制システムを構築し、自ら率先して上皇になりました。いわばシステムをつくっただけでなく、その〝初期設定〟まで完遂して天皇制システムをあらたに起動させたのです。これを単なる「中継ぎ」に位置付けるのは無理なことです。

†揺らぐ「天武系」史観

それまでの大王制を根本からリセットし、天孫降臨神話とともに天皇制システムを起動させた「始祖」の位置付けこそ、持統天皇にふさわしいといえるでしょう。

ところが歴史学では大海人皇子（のちの天武）が勝利を収めた壬申の乱以降、「天武系」がつづいたとみるのがほぼ定説になっています。そのなかで持統は単なる「中継ぎ」というわけです。「天武系」史観と「中継ぎ」説はセットの関係にあり、いわばコインの表と裏をなしてい

ます。天武から聖武までのながれを通説に従って示しますと、

天武―（草壁皇子）―《持統》▼―文武―《元明》▼―《元正》▼―聖武

となります（中継ぎは《　》、女性は▼）。

女性天皇はみな中継ぎだと定説はいうのですが、全てすんなり「中継ぎ」と括ってしまっていいものか。「天皇は男子であるべき」という思い込みから、あまりに結論を急いではいないでしょうか。

ここはしっかりと深掘りし、当時の実態をリアルに知る必要があります。

壬申の乱以降、皇統は「天武系」で推移し、持統はそのなかの「中継ぎ」だったという定説は、本書が提起する〈持統王朝〉と真っ向から対立します。確かに乱の勝者である天武天皇は英雄だったでしょう。しかし、その没後、どこまで朝廷に影響力を残していたのでしょうか？「中継ぎ」などではなく、持統は〈持統王朝〉の「始祖」であったとなれば、これまで定説となってきた「天武系」説は大きく揺らぐことになります。

視点5　持統朝を総覧する

一般にならって本書では「持統」という名をもちいていますが、もとよりこれは『日本書紀』編纂後の八世紀半ばに呈された漢風諡号《しごう》、つまり生前の業績を評価して贈られた漢風の名です。従って本来は『日本書紀』には記載のない呼称です。『日本書紀』で持統は「高天原広野姫天皇」と呼ばれており、まさに高天原におわす皇室の祖先神アマテラスを想起させ、王朝の始祖にふさわしい名となっています。

持統天皇は天孫降臨神話を醸成しながら、自らの神的権威を高めつつ、自分の孫を天皇にするために着々と政治的な手を打ちます。その詳細は次章以降に譲るとして、ここでは持統天皇の事績をリスト化し、全貌を総覧しておきましょう（一部天武朝を含む）。

（1）愛息草壁皇子と同世代の皇子たちを吉野に集め、草壁が天武の後継であることを誓わせた（〝吉野の誓い〟）
（2）天武が没するや、草壁最大のライバル大津皇子を謀殺した
（3）草壁皇子を送る挽歌で「高天原」の前身「天の河原」と、「天照大神」の前身「天照ら

す日女《ひるめ》の命」を打ち出した

（4）史上初の令となる飛鳥浄御原令《きよみはらりょう》を施行し、「皇太子」を制度化した

（5）史上初めて、〝現人神《あらひとがみ》〟として即位式を挙行した

（6）自らを女神アマテラスになぞらえて伊勢神宮初の式年遷宮を挙行した

（7）新嘗祭に天孫降臨神話を織り込み、大嘗祭を創始した

（8）天武の藤原京計画を根本的に見直し、当初案を拡大して遷都した――史上初の碁盤目状恒久都市は持統王朝の都となった

（9）天孫たる孫文武に譲位し、自ら史上初の上皇となった――天孫降臨神話の具現化／〈皇太子―天皇―上皇〉からなる天皇制システムを起動させた／この時の文武天皇の即位宣命に「高天原」が初出した

（10）三十年ぶりに遣唐使を派遣し、天武朝以来の方針を転換した

（11）大宝律令を制定、発布した――「日本」「天皇」「女帝」「太政天皇（＝上皇）」を書き込んだ／代替わりに関連して「女帝の子もまた同じ」と注記した

史上初の事績が何と多いことか！

持統天皇は天皇制というこの国のかたちを定めたといって過言ではありません。

〈持統王朝〉では男性天皇も女性天皇も輩出し、双系の体をなします。しかしその行方に、亡き持統天皇にとって思いもよらぬ挫折のシナリオが待っていました。

本書では、アマテラスにはじまる〈持統王朝〉の勃興と、神話と建築に裏付けられたそのアイデンティティ、そしてその後の行方を追ってゆきます。

やがて迎える王朝途絶の先にいったい、何が見えてくるのでしょうか？

第二章

神話と結びつく〈持統王朝〉

伊勢神宮、内宮の正面（著者撮影）

この章では主に神話と建築から〈持統王朝〉を見てゆきます。前章視点3で述べましたように、必ずしも、まず神話の時代があり、次に歴史がはじまるわけではありません。神話をつくって歴史を動かすことがあったのです。その神話の舞台となったのが建築です。神話と建築を基盤に〈持統王朝〉は立ち上がりました。

神話の面から持統天皇を見ることは国文学や民俗学ではよくなされています。一方、前章で触れたように、歴史学では主流といえないようです。しかしこの観点を抜きにして、持統天皇も〈持統王朝〉も十分に語ることはできません。

神話は重要だが、権力が強大なら、神話ぐらいつくろうと思えばつくれると言う歴史学者もいます（本郷和人対談「神話と統治」）。しかし、それは浅慮というものではないでしょうか。権力者にとって重要なのはつくるだけでなく、朝廷内に神話を浸透させて自らを権威付け、現実に政治的な効果を挙げることです。そこまで完遂するのは並大抵のことではありません。

持統天皇は神話をつくり、その舞台を設え、かつ自ら率先して神話を演じ切りました。神話にリアリティをあたえ、これによって、あらたな皇統をつくるという目的を達成したのです。このような天皇は前にも後にもいないのです。

本章ではまず〈持統王朝〉樹立への歩みを具体的に追います。そこにはいま述べたような、神話を軸に据えた周到な戦略がありました。

つぎに、その神話の舞台となった建築に注目します。

〈アマテラス＝持統〉の住処である伊勢神宮、そして即位したばかりの新天皇が皇祖神を迎える大嘗祭の建築、つまり大嘗宮《だいじょうきゅう》は当時、どのようなものであったのか？

持統王朝の舞台となった建築が神話にリアリティをあたえ、王朝にアイデンティティをあたえていたことを感じ取っていただきましょう。

それではまず、持統天皇をアマテラスになぞらえる王朝樹立への歩みから――

1　積極的に政治をおこなう皇后

†皇后が仕切った〝誓いの儀式〟

天武天皇と皇后鸕野《うの》（のちの持統天皇）は六七九年五月、六名の皇子を吉野宮に召集しました。奈良盆地の南に連なる山地の吉野は、かねてより神仙境として知られる聖地。天武の生母であり、鸕野父方の祖母でもある大王斉明《さいめい》が建てたのが吉野宮です。

ここに集まったのは天智の息子が二名（河嶋、施基《しき》）、天武の息子が四名（草壁、大津、高市《たけち》、忍壁《おさかべ》）。全て母親が違いますが、皇位に野心を抱きかねない面々です。『日本書紀』によれば、天武がこう切り出したといいます。

「朕《ちん》、今日、汝等と倶《とも》に庭に盟《ちか》ひて、千歳の後に事無からしめむと欲す。奈之何《いかに》」

天皇から直接こう言われたら、全員肯くしかないでしょう。待ってました！　とばかりに鸕野の愛息草壁皇子、数え十八歳が真っ先に進み出て、誓いの言葉を述べます。

（原文を掲げますが、必要に応じて拙訳ないしは要約を付けます。こちらの方だけ見ていただいても結構です）

「吾兄弟長《おいたるといとけなき》幼、（略）各異腹《ことはら》より出でたり。然れども同じきと異なりと別《わ》かず。倶《とも》に天皇の勅《ちょく》に随《したが》ひて、相扶《たす》けて忤《さか》ふること無けむ。若し今より以後、此の盟の如くにあらずは、身命亡び、子孫絶えむ。忘れじ、失《あやま》たじ」

要約すると、

「我々兄弟には年齢差があり、また、みな違う母親から生まれたけれども、天皇のおことばに従って助け合います。もし誓いを破れば、自分の命だけでなく、子孫も絶えることを覚悟します。けっしてこの誓いを忘れませんし、過ちは犯しません」

皇后の息子にこう言われたら、誰一人、否《いな》とはいえないでしょう。そんなことを口にしたら、自分の身が危なくなってしまいます。強引に押し切られるしかないのでした。

いぶかしいのは、天武への草壁皇子の応答が、あまりに出来過ぎていること。草壁が発したことばはあらかじめ用意されたセリフであり、このシナリオを仕組んだのは、ぬかりなくこの場に同席している皇后鸕野でしょう。後継指名を受けたも同然の草壁が、「異腹より出でた」我々は分け隔てなくみな〝同腹〟に等しいといっているのですから、草壁の母である鸕野は皆の〝母〟であり〝国母〟。この誓いは天武の後継が草壁であることを念押しし、逆らえば死を免れないというものでした。

関係者を集めて、このような誓いを事前に取り交わすこと自体が異例です。天武は皇后に突き上げられ、抗しきれなかったのでしょう。天武の在世中から皇后鸕野が影響力を発揮していたこと、後継問題に関してはむしろ鸕野のペースで動いていたことがわかろうというものです。

そもそも『日本書紀』によれば、壬申の乱において鸕野は、

与《とも》に謀《はかりこと》を定む

即ち大海人《おおあま》皇子（のちの天武）と共に軍事作戦を練ったといいます（懐疑説あり）。さらに皇后になったことに関連して、

皇后、始《はじめ》より今に迄《いたる》までに、天皇を佐《たす》けまつりて天下を定めたまふ

即ち天皇に政治的助言をおこなって補佐し、天下を治めたとあります。また天武が「律令」の編纂を命ずる場に皇后が同席したと、『日本書紀』はわざわざ記しています。皇后をここまで特記するのは極めて異例であり、鸕野が律令の必要性を説いていたのでしょう。（この「律令」は飛鳥浄御原令。天武が没して三年後の六八九年に皇后鸕野が施行）

天武朝の治世は豪族を重職に就けずに、皇后や皇子ら皇族にささえられた政治体制であったことで知られますが（「皇親政治」）、わけても皇后の政治力や存在感には非常に大きなものがあり、「共治」体制であったのです（上田正昭『古代日本の女帝』など）。

†草壁と大津、二人の皇子

天武朝にあって、特に有力な後継候補が二人いました。鸕野が産んだ草壁皇子と、鸕野の姉

の大田皇女が産んだ一歳下の大津皇子です。（皇女とは天皇の娘。大宝律令後は原則、内親王と表記。現在、政府が検討している「皇女」とは別）

この時、大津の母である大田皇女は十年余り前に亡くなっていました。もし生きていたなら皇后になっていた可能性があり、その場合は文句なく大津皇子が後継となったでしょう。勿論、いま述べたように、大津は吉野での誓いの儀式に呼ばれていました。

じつは朝廷内で大津皇子の評価は抜群でした。持統の立場に立つ『日本書紀』にしてから、つぎのように伝えているのですから（拙訳）。

容姿は端麗で体格が良く背も高い。立ちふるまいは見事できわめて利発。言葉遣いに優れて性格は明朗。（略）長ずるにおよび分別をよく弁え、ますます学芸に才を発揮するようになり、とくに文筆を好んだ。我が国の詩賦《しふ》の興隆は大津皇子にはじまる。

ベタ褒めの感がありますが、漢詩集『懐風藻《かいふうそう》』にも同様の記事があります。有能であるだけでなく人望もある逸材で、周囲の期待を一身に集めていたことがひしひしと伝わってきます。天武も大津に目をかけていたのは『日本書紀』からも十分にうかがえます。そのことが逆に、何としてでも我が子草壁を即位させたい鸕野のあせりを掻《か》き立てます。大津の存在そのものが鸕野にとって最大の不安材料となっていました。

当時は皇太子制が確立していたとはいえず、その成立は六八九年施行の飛鳥浄御原令《きよみはらりょう》まで待たねばなりません（荒木敏夫『日本古代の皇太子』）。『日本書紀』六八一年の記事に草壁が「立太子」したとありますが、疑問としなければならないのです。この見解は歴史学に少なからずあります（義江明子「持統王権の歴史的意義」など）。

（聖徳太子や中大兄王子を『日本書紀』は皇太子と呼ぶが、これは編纂時に後付けされたもの）

一定の血縁範囲のなかで能力・器量・年齢などによって後継者を選ぶことが慣例となっていました。従って吉野での誓いの儀式をへてもなお、鸕野の心が安らぐことはなかったのです。

†大津謀殺の怪

誓いの儀式の七年後、六八六年九月に天武天皇が没しました。

遺体が埋葬されるまでの間、臨時に殯宮《もがりのみや》を建て、そこで関係者が入れ代わり立ち代わり送辞を述べるなど、葬送儀礼が繰りかえされます（殯《もがり》という）。『日本書紀』に殯宮は「南庭」に設けられたとあります。私見では、前章の図に示した楕円形部分と考えています（**図3**）。

皇后であった鸕野は殯を主宰するとともに、即位の儀式を経ずして、当然のごとく天皇権力を代行しました（『日本書紀』はこれを「称制《しょうせい》」という）。ここから鸕野の行動がエスカレートしてゆきます。

はたして一ヵ月後、大津皇子は突然逮捕され、翌日死罪に処されてしまうのでした。草壁皇子の殺害を企てたというのですが、仮にその疑いがあったにしても、逮捕の翌日に処刑とはあまりに強引な事の運びです。関与したとされる人物の処罰も非常に軽く、多くは無罪放免でした。

大津皇子は無実の罪を着せられたとみるのが歴史学の通説です。『懐風藻』には親しくしていた河嶋皇子が密告したとあります。

河嶋は吉野での誓いの儀式に参加していたメンバーであり、六歳上。兄のように信頼していた河嶋に将来の相談くらいはしたかもしれません。持統が張り巡らせた情報網に大津は搦《から》め捕られたと著者はみています。物証はなく、申し開きの機会もないままに、人望篤く将来を嘱望されていた大津皇子は二十四歳の短い生涯を閉じました。

ここで読み取らなければならないのは皇后鸕野、のちの持統天皇の真意です。

わが子草壁可愛さのあまりに鸕野が葬ったのは、天武と姉がなした大津皇子。吉野での誓いがあったものの、天武の皇統を継ぐには大津であっても全然かまわないはずです。天武が没するや、その大津をいきなり亡き者にして、我が子草壁を即位させようとは、天武の存命中ならあり得ないことでしょう。

吉野での誓いも、あるいはこのようなこともあろうかと、用意されたのかもしれません。大津の謀反をでっち上げ、〝誓い〟への違反を謀殺の根拠にしてしまうのでした。

大津謀殺のほんとうの意味は、同じ天武皇統であっても私、持統の血がながれていなくては駄目、ということです。夫天武の皇統より、自身の皇統を優先することにほかなりません。これが鮮明に打ち出されたことにより、朝廷全体を震撼させたにちがいありません。

なし崩し的に最高権力を行使する鸕野に対し、即位の可能性を残す皇子らは恐怖感からなす術《すべ》もなく、傍観するしかありませんでした。かれらは命の危険を感じたはずです。下手に動くと狙われる……と。

その後も皇后の称制がつづき、水面下でさまざまなことが周到に計画されました。それらがこのあと、つぎつぎと表面に出てきます。肝腎の草壁皇子が二十八歳の若さで没してしまうのですが、息子の早逝をあらかじめ想定していたかのような事の運びに驚かされます。

†〈天武皇統〉から〈持統皇統〉へ

皇后鸕野の本心が大津皇子の謀殺に鮮明にあらわれていました。私、持統の血がながれていなくてはならないのです。この一件は、天武皇統から持統皇統に転換する予兆となりました。著者はそこに持統王朝への胎動を見るのです。

しかし前章で触れたところですが、天武以後は天武皇統(「天武系」)がつづいたという見解が歴史学でほぼ定説化しています。しかしそれは、壬申の乱で大勝利をおさめた天武天皇を英雄視するあまり、〝天武の後は天武皇統に決まっている〟との先入観によるのではないでしょうか。持統天皇を単なる「中継ぎ」と思い込んでいることもあるでしょう。

歴史学では持統朝は天武朝と一体的に扱われることが多く見られます。ほとんどといっていいかもしれません。天武と持統が夫婦であったことが大きく作用しているようです。しかしそうすることは歴史の真実を覆ってしまいかねず、注意を要します。

我々のなかには〝夫婦の絆〟〝夫唱婦随〟といった感覚が無意識のうちにもあるようで、夫が志半ばでなし得なかったことを残された妻が引き継いでやり遂げた、と思いがちです。ある種の美談でしょうか。しかし歴史の真実を知るには、そういった先入観をいったん棚上げする必要があります。

じつは六〜八世紀当時の天皇と皇后(大王と大后《おおきさき》)は、そもそも同居をしていません。〝別居〟生活です。そして皇后が産んだ子女は皇后宮で育てられました。皇后の鸕野、つまりのちの持統は、飛鳥浄御原宮の外に皇后宮をもち、稲田など独自の経済基盤をもっていました。夫婦一体というよりは、皇后は独立した存在だったのです(三﨑裕子「キサキの宮の存在形態について」)。

〈天武皇統〉から〈持統皇統〉へと舵を切った、その延長線上に〈アマテラス＝持統〉王朝が築かれます。当然、アマテラスが主導する天孫降臨神話は、天武とは無縁の筋書きになっています。

歴史学に限らずどの分野でもそうですが、無意識のうちに抱いてしまう先入観、思い込みほど怖いものはありません。本書は〈天武皇統〉に代えて〈持統皇統〉の存在を認め、あえて〈持統王朝〉を提起するのです。

もっとも〈持統王朝〉という認識が歴史学で通説化しているかといえば、そういうわけではありません。類似の用語に、学習院大学教授であった黛弘道のいう「持統一家」、井上亘のいう「持統系」があります。しかしながら、歴史学の主流になっているとはいいがたいのが現状です。このような状況は、持統天皇について未開拓の研究領野が大きく残されていることを物語ると著者は考えています。

†草壁葬儀で詠まれた「天の河原」「天照らす」

大津謀殺の衝撃は大きく、朝廷は激しく動揺します。沈黙のなかにも冷たい非難のまなざしは当然朝廷内にひろがったでしょう。同時に、鸕野皇后怖るべし、との認識が定着してゆきます。

当時、即位は三十歳前後以上という不文律がありましたが、大津謀殺の時点で草壁は二十五歳。年齢的に十分といえず、また上皇制度のない状況下では、すぐに草壁即位に持ち込むことはできませんでした。いや、それ以上に、嘱望されていた大津皇子を謀殺した波紋があまりにも大きく、草壁皇子の即位には時を待つ必要がありました。

天武の殯は異例なことに二年二カ月もの長期に及び、この間、ひたすら事態の沈静化を図るとともに、前皇后としての自身の権威を高めて愛息即位の機運の醸成を待ちます。

ところが殯があけて半年も経たない六八九年四月、肝腎の草壁が病没してしまいます。享年二十八。異母弟大津の死が自分の即位のためであったことを思えば、これが草壁の心身を痛めつけたことは想像にかたくありません。

愛息の殯宮で鸕野は朝廷歌人、柿本人麻呂に壮大な挽歌《ばんか》を歌わせます。挽歌とは死者を送る歌。その内容は草壁早逝を予期していたかのように周到なものでした。その一節に、『古事記』『日本書紀』にいう「高天原《たかまのはら》」や「天照大神《あまてらすおおみかみ》」の前身とみられる原型イメージが早くも登場していて注目されます（『万葉集』巻二、一六七。カッコは著者）。

天地《あめつち》の　初《はじめ》の時　久方の　「天の河原」に
八《や》百萬《ほよろづ》　千萬《ちよろづ》神の　神集ひ　集ひ座《いま》して　神議《はか》り　議りし時に

「天照《あまて》らす　日女《ひるめ》の命《みこと》」　天をば知らしめすと（略）
神下し　いませまつりし　高照らす　日の皇子は　飛ぶ鳥の　浄みの宮に（略）
「天の原」　石門《いはと》を開き　神上がり　上がりいましぬ

ここに登場する「天照らす日女の命」は「天照大神」の前身。自然神としての太陽霊が人格化され、子孫を地上に下す皇祖神の性格が付与されています。いわば、皇祖神の萌芽がみられます。

ヒルメとは日の女。弥生時代から伝わる、南方の海辺で生まれた素朴な太陽女神です。ひらたくいうなら、〝日のおばさん〟ともいうべき庶民的な信仰イメージですが（溝口睦子『アマテラスの誕生』）、これにミコトを付けて神格を上げています。

この歌を要約しますと、

天地のはじまりの時に、全ての神々が「天の河原」に集まり、それぞれの神の領分を定められた時に、「天照らす日女の命」は天を治めるとし、地上を治めるよう日の皇子を地上に下ろされた。地上に下りた皇子は飛鳥浄御原に宮を建て、天皇が治める国をおつくりになったうえで神上がりされた。

†あたらしい神話づくりの第一歩

ここに提示されたイメージのなんと斬新なことでしょう！

天地創成の時に「天照らす日女の命」があらわれたのは「天の河原」「天の原」という神話空間。皇室の祖先神である天つ神の居場所として、高天原の原イメージがここに初めて提示されました。これは全くあたらしい、画期的な事態です。

「天の河原」「天の原」に住む「天照らす日女の命」が地上に降りる神を指名して降臨させるという、この挽歌の神話的内容には、垂直の構造があり注目されます。この挽歌は単に草壁を葬送するにとどまらない、重大な意義と役割をもっていました。

「天照らす日女の命」は、自然神である太陽霊の素朴な人格化であったヒルメから、崇高な人格神である皇祖神へと神格を上げてゆく、まさに途中の段階にありました。これを経て皇室の祖先アマテラスが誕生します。それは鸕野が渇望してやまない、自分を重ねることのできる女性の祖先神でした。

なお「天の原」は六世紀、中国は北魏《ほくぎ》の地理書に見える「皇天原」に由来するとの指摘があります。それは天を祭る山上の聖地の呼称（福永光司「古代信仰と道教」）。とすると、この歌を詠んだ人麻呂の独創とは考えにくく、かれに情報提供して方向付けたシンクタンクのような存在が朝廷内にあったのでしょう。朝廷の総力を挙げて生まれたのがこの歌だったといえます。

「天の河原」という特別な神話空間が提示され、そこに住む皇室の祖先神が天つ神と定義されました。天皇はその子孫として、地上にありながら天上の神とつながる特別の存在となるのでした。

この試みは単なる言葉遊びではありません。まだ名ばかりであった天皇を、これまでにないかたちで規定しました。即ち、「天の河原」に住む「天照らす日女の命」を祖先とする存在こそ、天皇であることを示したのです。やがて「天の河原」は「高天原」に、「天照らす日女の命」は「天照大神」(＝アマテラス)に昇華してゆきます(以後、「天照大神」をアマテラスと表記)。

「高天原」におわす皇祖アマテラスの命を受けて孫が地上に降臨して治めるという、あたらしい神話づくりへの第一歩が刻印されました。これがひろく知られる「天孫降臨」神話として結実してゆきます。

吉野での誓いに素直に従うなら、草壁亡きいま、残る皇子たちのなかから後継天皇が選ばれてよいはずです。しかし鸕野はこれを無視し、自らの即位そして孫への譲位にむけて、あたらしい神話づくりに邁進するのです。

神話を使った壮大なイメージ戦略のスタートです。〈アマテラス＝持統〉王朝の序幕が上がりました。

†天孫降臨神話のあらまし

天孫降臨神話と聞くと、それは遥か遠い昔からの伝承と思っているかたも多いことでしょう。しかし、それは違います。持統天皇が即位する前後に徐々に醸成されていった、極めて政治色のつよい神話なのです。

この神話は持統天皇の没後、『古事記』と『日本書紀』に収録されますが、じつは『古事記』と『日本書紀』本文で内容に違いがあります。それどころか『日本書紀』には皇祖神が天孫に降臨を命じる異伝が四通りもあり、その全てを論じるとなると別に一冊の本が必要になってしまうほどです。

何通りもある天孫降臨神話ですが、ふつう現代のわたしたちにひろく知られている筋書きは、そのエッセンスと思われるところを適宜ピックアップして、わかりやすく伝えているわけです。ここでは本書を理解していただくのに必要な点を優先して、あらましを述べておきましょう。

高天原におられるアマテラスは、息子のオシホミミに高天原の稲穂を持たせ、天降って葦原中国を治めるよう命じた。その準備をしていたところ、男児ニニギが生まれた。そこでアマテラスはオシホミミに代えてニニギに降らせることにし、「三種の宝物《たから》」を持たせて天降りを命じた。

ニニギは「真床覆衾《まとこおうふすま》」と呼ばれるおくるみに包まれて葦原中国に天降った。これにはアメノコヤネノミコト（天児屋根命）やオモイカネノカミ（思金神）らが付き従った。葦原中国に降臨したニニギの曾孫が初代神武天皇である。

これからの議論のために何点か補足しますと、じつは、天降りを命じる皇祖神にはアマテラスのほかにタカミムスヒがいました。ニニギに真床覆衾をまとわせたのはこちらの神です（この場合については、前記あらましのアマテラスをタカミムスヒに読み替えてください）。『日本書紀』本文で天降りを命じる皇祖神はタカミムスヒになっています。こちらが往時の国家的最高神であり、いま述べたようにアマテラスは新興の神でした。そのような事情でしたから、タカミムスヒを差し置いて天孫降臨神話を説くことはできなかったのです。

†北方系vs.南方系、垂直的vs.水平的――神話の系譜

神話づくりとはいっても勿論、ゼロからのスタートではありません。また純国産というわけでもありません。

天上の神の子が天降りして地上を治めるという神話は北方ユーラシア、モンゴル、高句麗、百済、新羅などを経て列島に入ったとみられます（溝口、前掲書ほか）。つまりこの神話のもつ天降りという垂直的構造は北方系のものです。

ところで女神アマテラスは太陽神であるとともに、稲の精霊である稲霊《いなだま》でもあります。燦燦《さんさん》と降り注ぐ太陽の光は稲の生育に必須ですから、うなずける話でしょう。前項のあらましで述べましたように最初、息子のオシホミミに高天原の稲穂を持たせて地上に降らせようとしていたところ、孫が生まれたのでこちらを降らせることになりました。

孫の名のニニギとは、稲の穂がにぎにぎしく実ったさまを表しています。このように稲作が重視され、稲霊と太陽神と同等視されるのは、稲作発祥の地である中国江南や東南アジアに由来する南方系文化といえます（諏訪春雄『日本王権神話と中国南方神話』ほか）。

太陽神を稲霊とする南方系文化は弥生時代もしくは縄文晩期にやって来て、列島に根づいていました。舟で海原を渡ってきて列島に根を下ろした稲作、その所産である稲田。これらは水平的イメージに彩られています。

これに対し天孫降臨という垂直的イメージをもつ北方系神話は、遅れて五世紀ころに列島に入ったとみられます。大和王権の軍隊が朝鮮半島に進出し、高句麗軍に撃退されたのは好太王碑が伝えるところです（第一章視点1）。半島でのこの苦い体験を通して、相手国の最強の最高神が天上から地上に降った神であることを知ったと考えられます。じつはその神こそタカミムスヒでした。

以上のように天孫降臨神話では北方系文化、南方系文化の両方が巧みにミックスされています。

北方系の天、南方系の海――両者は列島で出会いました。厳しさを漂わせていた北方の天も南方の海に触れていつしか穏やかなものとなり、ともにアマと呼ばれて融合し同化してゆきます。列島に生まれた高天原のアマはけっして超越的でなく、せいぜい雲の上の世界。広がる雲が遠い水平線の彼方で海原につながりひとつになっても、すこしの不思議もないのでした。

（アマテラスを祭る伊勢神宮では御神体の鏡はまず檜製の御樋代《みひしろ》に納められ、さらに御船代《みふなしろ》と呼ばれるこれも檜製の船型容器に納められる。それは高天原から地上に降る際にもちいた天の磐船《いわふね》を象ったものとみられ、ここにも天と海のイメージが重ねられている）

列島にはもともとこうした神話的土壌があり、そこから、高天原の女神アマテラスが孫のニニギを地上に降ろして治めさせる、という神話が七世紀末にあらたにつくられました。

なんと、女性天皇持統の孫を即位させるという、まさに現実の代替わりのために――

†なぜ神話づくりを？

政治的な神話づくりがもくろまれた事情を探りましょう。

蘇我氏が実権を握っていた時代、大王は兄弟間で継承されていました。父欽明の後につづいたのは、

敏達《びだつ》―用明《ようめい》―崇峻《すしゅん》―推古▼―

でしたが、かれらはみな兄妹です。背後にあって代替わりを差配していたのが蘇我氏本流で、敏達以外はみな母が蘇我の娘。乙巳《いつし》の変（大化改新）で蘇我氏本流が亡んだ後も、天皇家に直系継承が確立することはありませんでした。

そのいい例が壬申の乱の勃発です。天智天皇が後継指名した大友皇子に対し、天智の兄弟であった天武が起こしたこの戦乱で、天武のもとに多くの地方勢力が集結しました。それは兄弟間継承を是とする認識がひろくあったからこそ、ともいえます。

さきにも述べたように吉野での誓いを守り、また当時一般的だった兄弟間継承によるならば、草壁の没後、次は複数いる異母兄弟、即ち天武の皇子たちから選ばれることになるはずです。

しかし鸕野が渇望したのは、自分の血を引く孫の珂瑠王を皇位に就けることでした。正当な

他の候補を差し置いて、次の世代に属する幼い孫を天皇にするとは、大王の時代を含め、前代未聞の途方もない構想です。これを実現するために鸕野が描いた戦略は、まず自分が即位することによって天武の皇子たちを排除する、次いで孫の珂瑠に譲位する、という二段階からなるものでした。

そして孫への譲位を正統化するために生み出されたのが、女神アマテラスが孫に「吾が子孫の王《きみ》たるべき地」（『日本書紀』）に降臨を命じる神話でした。我が身をアマテラスになぞらえ、つくったばかりの神話を正統性の根拠、源泉として代替わりを思いどおりにおこなおうとは、大胆極まりない試みです。

勿論、皇后ひとりでこのような大事業を進められたわけではありません。既に柿本人麻呂の名が出ていますが、ブレーンはかれだけではありませんでした。

欠かせぬ人材として六八九年二月に判事に登用された藤原不比等がいました。この時三十一歳。初登用としては大変遅いのですが、父鎌足が天智天皇の最側近であり、壬申の乱後の捩《ね》じれた関係から、天武の在世中は朝廷中枢から遠ざけられていたのでしょう。しかし六八六年に天武が没するや、鸕野は父が重用していたこの鎌足の息子をすぐさま起用し、不比等は判事になる前から、皇后のアドバイザーとしてさまざまな知恵を出していたと考えられます。

壬申の乱の勝者であった天武が後景に退けば、当然、天智の復活への道が開かれてきます。

天智の最側近であった父をもち、藤原氏の興隆を心中秘かに期していた藤原不比等にとっても、天武皇統からの離脱は願ってもないことでした。

†二カ月後に皇太子制を発布

最愛の息子を喪ったものの、鸕野はなんとその二ヵ月後に飛鳥浄御原令《きよみはらりょう》を発布し施行します。天武は前述のように、皇后同席で六八一年に「律令」を制定する旨の詔《みことのり》(天皇が命ずることば)を出しましたが、その「律令」こそ、六八九年に発布された飛鳥浄御原令(刑法である律なし)。この令は大宝律令と同じく現存しないものの、先述のように、「皇太子」がここで初めて制度化されました(荒木、前掲書)。

その浄御原令が草壁早逝の直後に発布、施行されるという矢継ぎ早の展開に、後継問題に賭ける鸕野の並々ならぬ執念が読み取れます。やはり草壁の早逝は予期されていたのでしょう。大津謀殺も、あるいは草壁早逝を見越してのことだった可能性すらあるのではないか。

天皇の在世中に後継者、即ち「皇太子」を決めておく。それが紛糾や混乱を避け、安定的に天皇を輩出する決め手になります。皇祖神に裏付けられた天皇と、その直系皇子の関係が制度化されてこそ、初めて天皇のあり方が安定するわけです。現代の我々は皇太子の存在を当たり前のように思っていますが、じつは天皇制を安定化させるうえで画期的なことでした。

草壁亡きいま、皇后は〈天皇─皇太子〉の関係を法令に定着させ、次には草壁の遺児、つまり自分の孫で当時七歳の幼い珂瑠《かる》（軽）王の立太子を企てます。そのためにはまず自分が即位する必要があり、この限りにおいては「中継ぎ」でした。そう、極めて積極的で戦略的な、これまでの代替わりのやり方を覆してしまう、戦略的意図に満ちた「中継ぎ」です。それはけっして天武皇統をつなぐためではありませんでした。

しかし力ずくだけでは皇位は守り通せません。朝廷をうなずかせるだけの説得力、正統性がもとめられます。そこで鸕野は自身の権威を飛躍的に高めて正統性を獲得するために、自分からはじまる血統を神話によって裏付けることを企てたのです。

それには自身を皇祖神になぞらえるのがいちばんです。鸕野の胸中には皇祖である女神アマテラスの像がしっかりとむすばれていました。この点で鸕野は、いわゆる「中継ぎ」の次元をはるかに超えてしまうのです。

2 〈天皇＝神〉の構図を立ち上げる

ここまで、高天原からはじまる天孫降臨神話が着々と醸成され、〈持統王朝〉が準備されてゆくさまを見ました。

持統朝の成立は単なる代替わりではありませんでした。『日本書紀』における持統の呼称は「高天原広野姫天皇」。持統朝は天武朝につづく単なる「中継ぎ」などではありません。皇祖アマテラスとイメージの重なる「高天原広野姫天皇」を始祖にいただく、あたらしい王朝ととらえるべきなのです。

そう、〈持統王朝〉という問題設定をおこなうと、これまで見逃してきていた多くの点があきらかになってきます。はて、そこからどんな風景が見えてくるでしょうか？

まずは、その幕開けとなる持統天皇の即位式から――

それは前代未聞の、大変演劇的な即位式となりました。第一章視点3で触れましたように、なんと持統は史上初めて〝神として〟迎えられ、即位したのです。その様子を『日本書紀』によって具体的に見てゆきましょう。

†従来の天皇との決定的な違い

六九〇年正月、皇后であった鸕野が飛鳥浄御原宮にて即位しました。晴れて持統天皇の誕生です。

その即位式は異様な緊張と興奮に包まれました。文字どおり〝神として〟天皇が即位したからです。これは史上初めてのことです。

〝神〟といえば、前天皇の天武も「大君は神にしませせば」と謳われたことで知られていますが、天武の息子である忍壁皇子、長《なが》皇子らにも使われています。これらは卓越した能力を賞讃する最上級の比喩であり、特定の神そのものといっているわけではありません。

これに対し、即位式の持統は〝神〟の次元が違います。一般的な神表現とは明確に一線を画し、持統天皇は皇祖アマテラスに重ねられて即位するのでした。そこには前章でみたような、豪族連合に推された盟主の面影はかけらもありません。豪族たちとは明確に一線を画し、〝神〟そのものとして力づよく即位したのです。

†即位式での三つの出来事

持統天皇が皇祖アマテラスと重ねられたとは、どういうことでしょうか？　具体的に見てみましょう。

（1）天神寿詞《あまつかみのよごと》が、前年に改組されたばかりの神祇《じんぎ》官の長官、中臣《なかとみ》大嶋によって奏上されました。天つ神が天皇の弥栄《いやさか》を寿ぎます。このことは、それまでスメラミコトモチ、つまり神のいちばん近くにいて清らかな御言《すめらみこと》を聞く人だった天皇（大王）が、天つ神の後継として神そのもの、つまり現人神になったことを意味しました。これは史上初めてのことで、天武の即位式にもなかったことです（上田正昭「持統朝の歴史的意義」「中臣の寿詞の成立」）。「天神寿詞」には天つ神が孫に降臨を命ずる神話が織り込まれており、その奏上により、持統の即位は天孫降臨神話にもとづくことが居並ぶ重臣たちに告知されるのでした。

（2）「神 璽《かみのみしるし》の剣・鏡」が捧げられました（二種の神器）。単なるレガリア、つまり所有者が王であることを証する璽と異なり、神璽とは所有者が神であることを証する物。これを授かった天皇（大王）は持統が初めてです（神野志《こうのし》隆光『古事記と日本書紀』）。『日本書紀』の原文は「神璽剣鏡」。じつはこれをどう読むかで神器が二種なのか三種なのか、意見が分かれます。いま引いた見解は国文学者によるもので、ほぼ通説化していま す。これに対し、ある民俗学者は「神の璽・剣・鏡」と読みます。「神の」を神聖なと形容詞的に捉え、璽・剣・鏡のそれぞれに掛かるとします。この場合、神器は三種になりますが、璽はよく知られる勾玉ではなく天皇の印璽という（新谷尚紀『伊勢の神宮と三種の神器』）。いずれにせよ、『日本書紀』即位式の記事で「神」の文字がもちいられるのは、持統が初めてなのでした。

（3）拍手《かしわで》で迎えられました。当時、拍手は神に対する礼拝作法であり、人に対しておこなうものではありませんでした（熊谷公男「持統の即位儀と「治天下大王」の即位儀礼」）。

持統天皇が神として即位した、その神とは前年、草壁の殯宮で謳い上げられた皇祖神「天照らす日女の命」以外ではあり得ません。この時、「日女の命」から脱皮してアマテラス（＝「天照大神」）に昇格していたとみられます。

持統は自らを皇祖神になぞらえることにより、前天皇天武を遥かに超える神権性を呼び込みました。「中継ぎ」の域を遥かに超えて、後継指名権を決定的にせんとします。神権とは神から授かった権力をいいますが、持統の場合はそれを超えて、神としてもつ権力といってもいいでしょう。天武を継いだというよりは、全くあたらしい「王朝」を開いたのです。

まさに〈アマテラス＝持統〉劇場が開幕し、そこで持統は自らに課した役を見事に演じきりました。

ここまで天武後継を決めた吉野での誓いの儀式から、愛息草壁のライバル大津皇子の謀殺、天武皇統から持統皇統への切り替え、「天孫降臨」の神話づくりの開始、皇太子制の発足、〝神として〟迎えられた即位式まで、めまぐるしい展開を見てきました。これら一連の出来事をつうじて、アマテラスを戴《いただ》く持統王朝が形成されました。

天孫降臨神話を背景に、極めて演劇的に持統が〝神として〟即位したことの画期性を認め、本書はここに〈持統王朝〉が成立したとみなします。

✝伊勢神宮は〈アマテラス＝持統〉の宮殿

つぎに注目するのは、皇祖アマテラスを祭る伊勢神宮です。建築はふつう思われている以上に政治的な言語でもあります。現代でもそうですが、古代となるとなおさらです。持統王朝で伊勢神宮はどのような役割を果たすのでしょうか？

よく知られているように、伊勢神宮はアマテラスを祭る内宮《ないくう》とアマテラスに食物を捧げる豊《とよ》受大神《うけ》を祭る外宮《げくう》からなります。そして伊勢神宮には式年遷宮という行事があり、最初の式年遷宮は内宮が六九〇年、外宮が六九二年でした。じつは、これを最初に挙行したのが持統天皇でした。

伊勢神宮の建物を具体的に見てゆきましょう。特徴的な屋根から説明しますと、千木《ちぎ》と堅魚《かつお》木《ぎ》をもつ切妻屋根で萱葺《かやぶ》きです。切妻とは、木造の屋根として最もシンプルな三角屋根のこと。柱は全て円柱で掘立《ほつた》て柱。地面深くまで穴をあけて、柱を落とし込む、極めて素朴な工法です。三角形の見える妻側には独立の棟《むな》持ち柱が立ちます。そして建物の四周の壁は、横貼りの羽目《はめ》

図4　第1回式年遷宮時の伊勢神宮内宮の正殿／復元図（現在より柱は細く、萱葺きはボサボサ。千木と堅魚木に飾り金物はなかった）

板《いた》からなる板壁。正殿には欄干の付いた回《まわ》り縁《えん》が取り付きます。木部は全て素木《しらき》で、着色されません。この建築様式は伊勢神宮系統の神社のみに使われる神明《しんめい》造りとして知られています（**図4**、**図5**）。

これがどういう経過で生まれたのかは、一般にあまり知られていないようです。じつは建築学では定説になっている見方があります。神明造りの前身として、全く別の造りの建物がありました。これをまず見ましょう。

それは板校倉《いたあぜくら》造りと呼ばれるものです。そう言われてもピンとこないかもしれませんが、じつは外宮に一棟だけ現存します。御饌殿《みけでん》（**図6**）という建物で、御饌は神に捧げる食事。アマテラスは毎日朝夕、こちらに来られて二度の食事を摂られます。勿論、外宮の祭神豊受《とようけ》大神が相伴されます。

（御饌殿は非公開。塀越しに建物上部を見ることはでき

る）

御饌殿が出来たのは奈良時代の聖武朝。当然、アマテラスを祭る正殿より遅いのですが、その造りは、逆に正殿より古いと判断されるのです。

というのは、御饌殿の構造が非常にシンプルで合理的、言い換えれば単純素朴な造りであるからです。これに対し、正殿の神明造りは構造的に過剰な要素を含み、また建物の四周に回り縁を付加するなど、意匠映えを図ったものになっています。

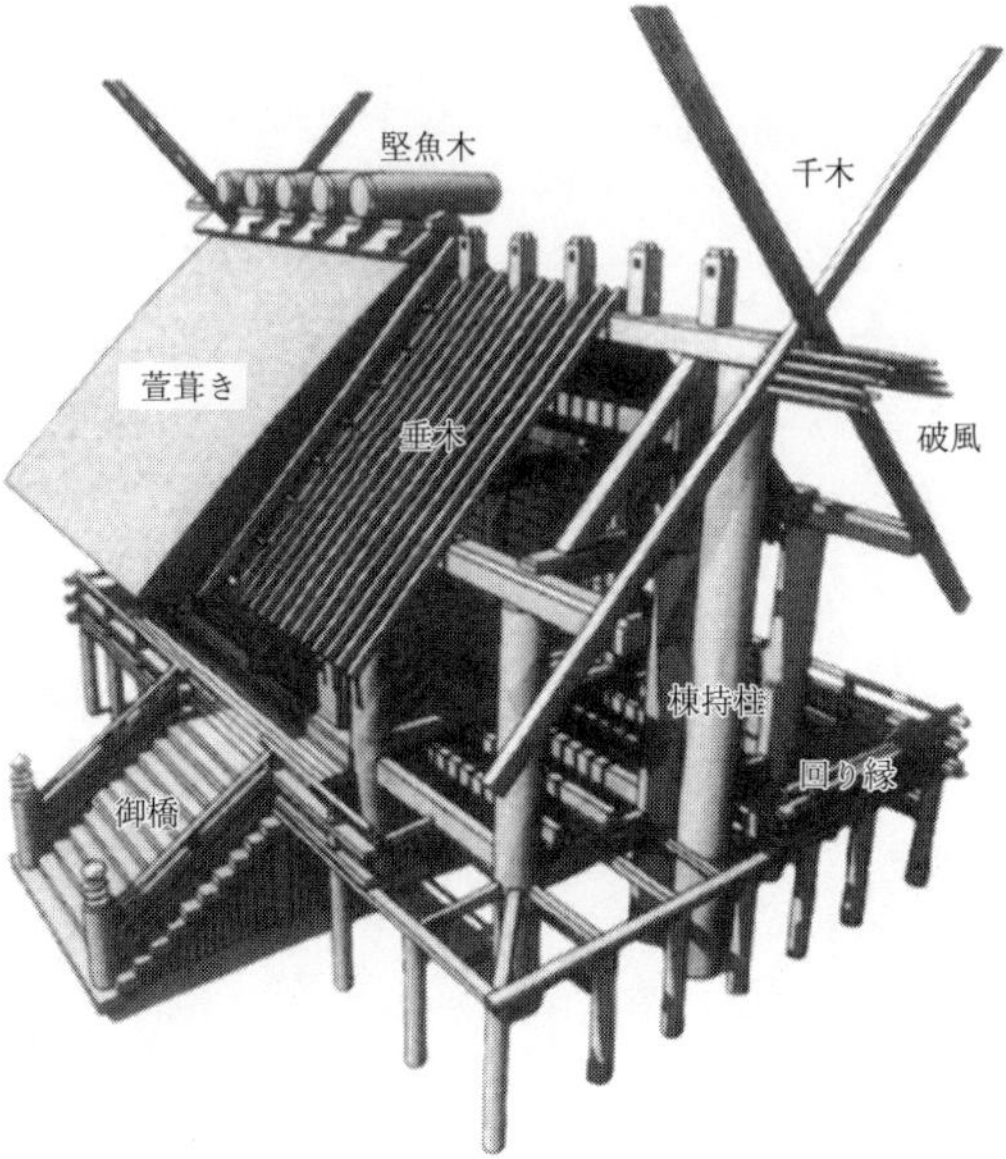

図5 伊勢神宮内宮正殿／説明図（『週刊日本遺産　伊勢神宮』より作成）

具体的に見ますと、御饌殿では建物の四隅で壁の横板が井桁《いげた》状に交差していますが、

図6　伊勢神宮御饌殿（建物のコーナーに注目。板が井桁状に交差している。日本建築学会編『日本建築史図集』）

これだけでは萱葺き屋根の重量を支え切れないおそれがあります。というのは、分厚い萱が雨水を含むと相当な重量になるからです。また四隅には柱がなく、板が交差しているだけですので、地震がくると崩れやすくもあります。

これらの難点を払拭するのが両妻側に立つ、独立した二本の棟持ち柱です。即ち、この二本の柱で屋根の重量を受け止め、板壁への負担を軽減しています。棟持ち柱は欠かすことのできない構造的な役割を果たしているのです。

（よく知られた校倉造りに東大寺の正倉院があるが、そこに棟持ち柱はない。壁をなす横材が板では

なく、断面が三角形――精確には角を取った六角形――の角材なので構造的に強い。そのため棟持ち柱は不要になっている）

一方、神明造りでは建物の四隅と妻壁中央に柱が立ち、さらに妻側に独立の棟持ち柱が立っています。なんと妻側だけで四本もの柱があります（前掲図4）。こうなると伊勢神宮を特徴づける独立の棟持ち柱は構造上、あきらかに過剰。じつはなくても済む柱になっているのです。

こうしたことから、伊勢神宮にいきなり神明造りが出現したのではなく、その前の段階では板校倉造りだった、逆にいえば、板校倉造りから神明造りが生まれたことがわかります。若干補足をはさんでいますが、以上が建築学の定説です。

†「板校倉造り」と「神明造り」の交代劇

改めて板校倉造りと神明造りの前後関係を整理しましょう。

まず正殿も他の社殿も板校倉造りの段階がありました。稲倉を想わせる造りです。天武天皇が即位して間もなく、伊勢に斎王《さいおう》を派遣した段階です（斎王については後述）。

次の段階で正殿が神明造りとなりました。持統即位の年、六九〇年に挙行された第一回式年遷宮で起こったとみられます（詳しくは拙著『建築から見た日本古代史』）。

正殿以外は従来のまま板校倉造りだったと考えられます。聖武天皇の時代に御饌殿が板校倉造りで建てられたのは、正殿以外はみな板校倉造りであったので、これにならったのでしょう。のちに、御饌殿以外の全ての社殿も神明造りとなりました（但し回り縁は内・外宮とも正殿のみ）。式年遷宮は室町後期から安土桃山にいたる百二十年余りの間、中断していました。全ての社殿が神明造りとなったのは、式年遷宮が再開された一五八五年であった可能性が高い、と著者は考えています。

この時、なぜ板校倉造りが一棟だけ残されたのかは謎ですが、過去の姿を残す考えからかもしれません。しかしその一棟が外宮の御饌殿だった理由は不明です。推測ですが、御饌殿が内宮の祭神アマテラスに食事を捧げる場であること、即ち内宮と外宮をむすびつける社殿だからでしょうか。あるいは主要な社殿群のなかで最後の板校倉造りだったので、これを残したのでしょうか。

†なぜ神明造りに？

板校倉造りが神明造りに転換されたとなると、なぜそのようなことが起きたのか？　今度はそれが問題になってきます。デザインの面から見てみましょう。

板校倉造りは見てのとおり、まさに稲倉です。第1節でも述べましたが、稲は太陽のエネルギーをいっぱいに受けて実ります。太陽霊と稲霊《いなだま》がむすびつき、稲倉で太陽神を祭るようになります。『古事記』には、生まれたばかりの太陽神アマテラスに「御倉棚挙之神《みくらたなのかみ》」という名の玉飾りが授けられる話があります。これはまさに「稲倉の棚に飾られる神」。玉飾りは稲倉に祭られる稲霊の御神体です。

しかし稲霊と結合した太陽神が人格化され、皇祖アマテラスに祭り上げられた時、これを祭る正殿が稲倉のままでは話が合いません。皇祖神にふさわしい建物にする必要が出てきました。皇祖アマテラスの住まいにふさわしい造りとするにはどうすればよいか?

その答えが稲倉を宮殿風に衣替えすることでした。

具体的には正殿の四周に、欄干の付いた縁側を取り付けることが考えられました。回《まわ》り縁《えん》と呼ばれます。しかしじつは、これと校倉造りは相性がよくないのです。

なぜなら校倉造りでは既に述べたように建物の四隅で横板が交差し、板の先端が回り縁に突き出てしまうからです。実際にそこを歩くわけではありませんが、板校倉造りと回り縁との取り合わせは視覚的にどうにも納まりが悪いのです。

それで四隅に柱を立て、横板を柱に差し込むことになりました。これで校倉造りは消えます。さらには妻壁中央に柱を増設しました。これで問題はすっかり解決したように見えます。しかしこの時、妻側に独立する棟持ち柱は、構造的に不要になっていたのです。

しかし棟持ち柱は残りました。

すっくと独り立つ棟持ち柱は凜として清々しい。いつしか崇高さや尊厳を帯びるようになっていました。皇祖神の住まう宮殿にふさわしいシンボルになっていたのです。神明造りの完成です。

いつ神明造りに？

神明造りが生まれた時期についてはじつは確かな資料がありません。従来、漠然と天武朝のころと考えられてきました。しかし板校倉造りから神明造りに転換した原因理由をこのように考えますと、第一回式年遷宮の時、即ち皇祖神像が具体的に探究され、持統天皇になぞらえられた持統朝とみるのが最もリアリティがあります。

草壁の葬儀で打ち出された「天の河原」「天照らす日女の命」、〝神として〟即位した持統天皇に捧げられた「天神寿詞」「神璽剣鏡」「拍手」。こうした一連の出来事のなかで、伊勢神宮が〈アマテラス＝持統〉にふさわしい住まいになった、即ち神明造りが生み出されたのは自然のながれといえます。

持統天皇と皇祖アマテラスが二重写しになって〈アマテラス＝持統〉のイメージが醸成されてゆく機運のなか、アマテラスの住まいであるとともに持統天皇の住まいでもある正殿が、稲倉のままでよいはずがありません。稲倉が宮殿化されたのは必然的でした。

伊勢神宮は〈アマテラス＝持統〉王朝の神的権威を象徴する建築となりました。

†持統天皇がはじめた大嘗祭

持統天皇、即ち『日本書紀』のいう「高天原広野姫天皇」は、即位した六九〇年に伊勢神宮初の式年遷宮を挙行させ、さらに翌六九一年には、即位にともなう史上初の大嘗祭《だいじょうさい》を執りおこないました。

「高天原」や皇祖「アマテラス」は言葉のうえにとどまりません。いま見たように伊勢神宮という建物でアマテラスの住まう宮殿を実体あるものにしました。〈アマテラス＝持統〉のイメージからすると、伊勢神宮は天上の高天原にあるアマテラスの宮殿であると同時に、持統天皇の住む地上の王宮でもあります。天上と地上がクロスする領域といっていいでしょう。

そしてこれから見るように、大嘗祭という天皇即位の祭りで、アマテラスのおわす高天原を地上に出現させ、そこで新天皇は皇祖神と極めて密接な交流をおこないます。これによって天皇は真の天皇となります。従って今も大嘗祭は即位儀礼のなかで最も重視されるのです。

天皇の即位にともなう大嘗祭は『日本書紀』の記述から従来、天武天皇にはじまるとされてきました。しかし、歴史学や民俗学の精緻な分析により、近年では、即位にともなう一代一度の大嘗祭を初めておこなったのは持統天皇と認識されるようになりました。天武の代では大嘗祭が複数回にわたって催されるなど、大嘗祭と新嘗祭の区別がついていないことがわかったのです（岡田精司『古代王権の祭祀と神話』ほか）。

†新嘗祭は男子禁制だった

大嘗祭がはじまった事情を簡略に説明しましょう。

即位儀礼としての大嘗祭には、母胎となった祭りがありました。毎年恒例の稲作の収穫祭であるニイナメ（新嘗）です。これは弥生時代から民間で連綿とおこなわれてきたものであり、並みいる王たちも取り入れていました。その新嘗祭が天皇即位の年、または翌年に、一代一度の即位儀礼としておこなわれるようになりました。それが大嘗祭です。

大嘗祭の母胎となったニイナメの主役は女性でした。万葉歌を見ますと、ニイナメでは、古くは男を締め出しておこなわれたとみられ、稲霊と女性が交流する祭りだったことがわかります。ここに採り上げるのは東国の歌とされているもので、中央集権化がまだ希薄であった地域です（『万葉集』巻十四、三四六〇）。

誰《たれ》そこの 屋の戸押《お》そぶる 新嘗に わが背を遣りて 斎《いわ》ふこの戸を

（夫を外に出して新嘗の祭りをしているのに、戸をガタガタさせているのは誰かしら？　ほんとうは入れてはいけないのだけれど……）

この歌から新嘗祭は本来、女性が祭るものであったことがわかります。稲の実りと子の出産が同等視され、出産能力をもつ農婦が祭りの主役を担いました。男子禁制とされていたのです。かつてお産の部屋には夫といえども入れなかったのと同じです（谷川健一『大嘗祭の成立』ほか）。

この祭りが女性の祭りであったことは神話からもうかがえます。例えば『古事記』には、アマテラスが「大嘗《おほにへ》」の祭りをおこなっている建物にスサノオが踏み込み、大便を散らかす場面があります。『古事記』に用語法の混乱がみられ、この「大嘗」は新嘗というべきところ。女神であるアマテラスがこの祭りをおこなっている点が注目されます。

ニイナメを母胎にして大嘗祭をはじめたのが女性天皇持統だったのは、この祭りの本旨に照らしてまことにふさわしいことでした。女性天皇だったからこそ、大嘗祭が生まれたともいえ、持統が大嘗祭を創始した必然性を見いだすことができます。

それでは、持統天皇があらたに立ち上げた一代一度の大嘗祭は、従来の新嘗祭とどう違うのでしょうか？

それまでの、もっぱら自然の恵みに感謝する素朴な新嘗祭と異なり、大嘗祭にはこれまでにない、あらたな政治的な意味が盛り込まれました。それは天孫降臨神話の導入です。持統の即位式と同様、初の大嘗祭でも中臣氏により「天神寿詞」が奏上され、再び天孫降臨神話が持ち込まれました。これは天武の「大嘗祭」にはなかったことです。

こうして大嘗祭は天孫降臨神話と一体のものとしてスタートするのでした。

(以後、新嘗祭にもこの性格がもたらされる)

†大嘗祭の舞台、大嘗宮――令和の大嘗祭から

ここで令和の大嘗祭を思い返してみましょう。

令和元年(二〇一九年)十一月十四日の夕刻から翌日未明にかけて、大嘗祭が夜を徹しておこなわれました。祭りの肝腎なところは非公開でしたが、白い祭服に身を包んで祭祀に臨む新天皇を国民の多くはテレビの画面をとおして目にしました。古代にはじまる祭祀王の命脈が現代でも脈打っている、そんな印象を著者は受けましたが、読者諸氏はいかがでしょうか。

大嘗祭のおこなわれる建物が大嘗宮《だいじょうきゅう》です。かつては小規模でしたが、明治になってほぼ二倍にと、飛躍的に拡大されました。国家的権威の発揚をそこにもとめたのでしょう。大正になっても規模はほぼ踏襲され、主要部は昭和、平成、令和と踏襲されています。

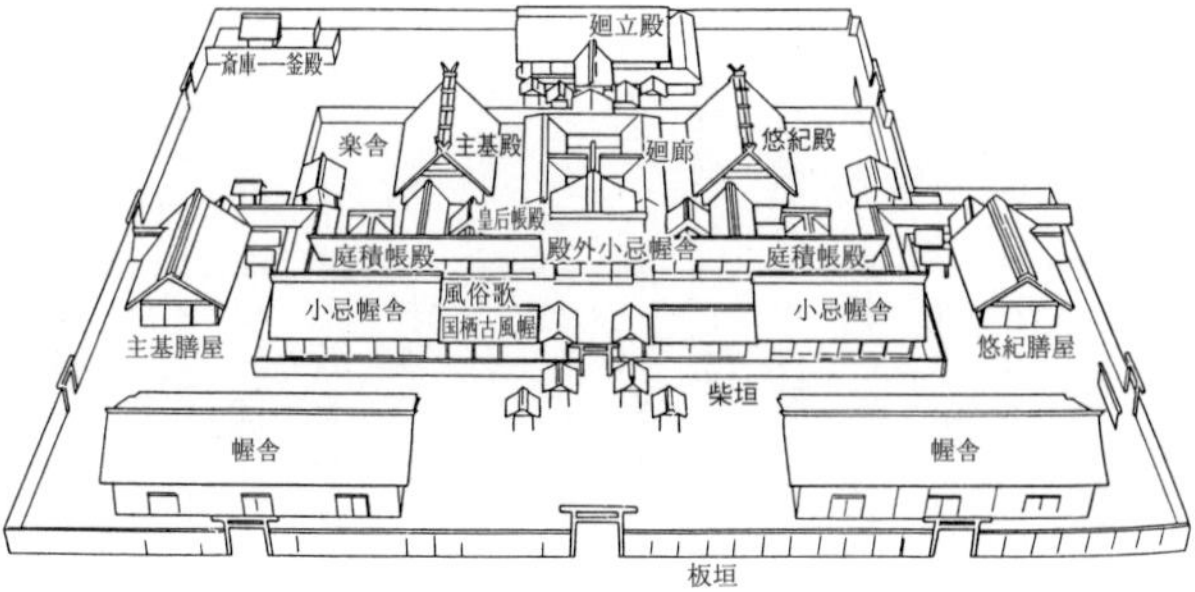

図7　大正、昭和の大嘗宮／鳥瞰図（大規模になったのは明治から。柴垣が囲う領域が高天原。岡田荘司『大嘗の祭り』）

（令和の大嘗祭で宮内庁はコスト削減のために、明治以来の肥大化した規模はそのままに、大嘗宮の屋根を萱葺きから板葺きに変更した。もとめられるのは極端に肥大化してしまった規模を元に戻すことであり、屋根仕様の簡略化ではなかったろう。規模が大きいほどよいというものではなく、祭りの本旨こそ重視すべきだ）

大嘗宮では柴垣で囲われた聖域に中枢建物が東西に二棟並びます。東が悠紀《ゆき》殿、西が主基《すき》殿。両殿は規模、形、素材が全く同じです。

（なぜ全く同じ建物が二つ建つのか？　古くから議論のある興味深い問題だ。著者は二柱の皇祖神、アマテラスとタカミムスヒを迎えるために二棟建てたと考えている。本格的な議論が必要なので別の機会を待ちたい）

そして悠紀殿、主基殿を囲い込む柴垣の内側こそ、なにを隠そう、天上の高天原なのです（**図7**）。

†産屋としての大嘗宮

文献資料をもとに古代の大嘗宮を振りかえってみましょう。

大嘗宮の屋根は萱葺きで、柱は樹皮が付いたままの掘立て柱でした。驚くなかれ、床板は張られず、土間に萱を敷き並べ、その上にゴザを敷いていたのです。壁らしい壁をもたず、柱間に渡された横材からムシロを垂らして目隠しにしていました。

以上は平安時代の文献『儀式』（通称『貞観儀式《じょうがんぎしき》』）と『延喜式《えんぎしき》』によります。大嘗宮についてはこれらが最古の文献資料になります。これ以上に簡素な建築は考えにくく、持統天皇が最初におこなった大嘗宮もほぼ同じであったとみられます。

大嘗祭のはじまった六九一年には、初の本格的仏教伽藍である飛鳥寺が完成して百年近くが経ち、焼失した法隆寺も金堂は再建され、五重塔はその途上にあったころです。大陸伝来の建築様式も、最新の建築技術も既に十分知っていました。

それでも、あえて我が国の〝始原〟を再現したのです。

肥大化してしまった現代の大嘗宮と異なり、古代の簡素極まりない大嘗宮は、神社とか宮殿というよりは、まるで往時の産屋《うぶや》のようです。これは著者の偽りのない建築的直観です。

（産屋とは出産のために母屋とは別に建てた小屋。民俗学の調査によれば、一九七〇年代まで少数な

がら列島に見られた）

即位した新天皇はそこで皇祖神から「天皇霊」を授けられ、ほんとうの天皇に生まれ変わります。「天皇霊」は民俗学の折口信夫《おりくちしのぶ》が言挙げして注目されましたが（「大嘗祭の本義」）、皇祖神から授かった祖霊というべきもので、『日本書紀』にも見える概念です。

即ち大嘗宮は、新天皇が真の天皇として生まれるための産屋といえるでしょう。天に通じる通気性のある萱葺き、そして大地を肌に感じる土間のゴザ敷きは、まさに天孫降臨の場にふさわしいといえます。

平安時代の前掲文献によれば、祭りの七日前に着工し、僅か五日間で造りました。祭りが終われば直ちに取り毀《こわ》される仮設の建物であり、そこにも大きな意味がありました。

一代一度の、天孫降臨神話に裏付けられた、真の天皇になるために高天原でおこなわれる祭儀であるが故に、それが済めば宮は抜け殻同然。祭りが終われば、そこは高天原でなくなるのですから、宮だけ残るのはあり得ないのです。

†女性天皇が主役だった

大嘗宮とはいったい何なのか、これについて多くの議論がなされてきました。大別して、四つの議論に集約できます（諏訪春雄『天皇と女性霊力』）。

（1）新天皇が、生死の境にある前天皇の遺体と共に寝ることによって、前天皇に入っていた霊魂を新天皇の身体に入れる場である（霊魂乗り換え説。往時、生死の境は明確でなかった）
（2）新天皇が采女《うねめ》と神聖な結婚を遂げる場である（聖婚説。采女とは、天皇に仕えるために地方豪族から差し出された容姿端麗な女性）
（3）亡くなった前天皇を葬る場である（喪屋《もや》説）
（4）新天皇が天孫ニニギとして誕生する場である（産屋《うぶや》説）

想像力にあふれるさまざまな説がありました。これらは主に民俗学、国文学で議論されてきました。しかし大嘗祭を初めておこなったのが女性天皇持統とわかってきましたので、さらに整理することが可能になりました。

持統天皇の場合、前天皇天武は大嘗祭より前に野口王墓古墳（檜隈《ひのくま》大内陵）に葬られましたので、（1）と（3）が消えます。また女性天皇であったことから、（2）も考えにくい。残るは（4）であり、いま述べた著者の建築的直観とも合致します。

昭和天皇の大嘗祭の前後に議論を終始リードしていた折口信夫は、これら四つの説全てに関わり揺れ動きました。最終的には（4）の産屋説に落ち着いたようです。

（折口と親交があり、大礼使事務官として昭和の大嘗祭の現場を預かった星野輝興《てるおき》掌典は昭和三年十一月七日発行の「官報」に「大礼本義」と銘打った一文を寄せた。そこにはつぎのようなフレーズがあった。「皇祖の霊徳を肉体的にお承《う》けになる」「神代ながらの御建物は神にお接しになる必要のばかりではなく、一面御自身が神の生活をあそばされる御ためと拝すべき」。これは折口の説と相通じていた）

それにしても従来の議論では、大嘗祭をおこなうのは男性天皇と決めてかかっていました。しかしそのスタート時点では、

持統▼―文武―元明▼―元正▼―聖武―孝謙▼―

と、四人の女性天皇の間に二人の男性天皇がはさまれる状態で、女性天皇がこの祭りをおこなうほうが多かったのです。はじめたのも女性天皇でしたから、大嘗祭は女性によって生まれ、そして育まれた祭りでした。もともと大嘗宮が産屋であったとすれば、お産は女性の領分であることから、新嘗祭と同じく大嘗祭も女性性の高い祭りだったといえます。

†新天皇は大嘗宮で何をするのか

それでは大嘗宮での新天皇の軌跡を追ってみましょう。

柴垣の内側が天上の高天原と述べましたが、その外側は地上界です。柴垣の外、北側には廻《かい》立《りゅう》殿が設けられ、そこは禊《みそぎ》、つまりお浄めの場です。高天原にある悠紀殿、主基殿に向かう前に、天皇はその都度、廻立殿に入ります。木製の円形浴槽に張られた湯につかり身を浄めるのです。折口信夫によれば、この時、仕えるのは処女であるといいます（前掲論文）。

（持統のおこなった大嘗祭では廻立殿はなく、禊は天皇の住まう内裏《だいり》でおこなわれたとみられる）

禊を済ませた天皇は、地上から高天原に昇り、悠紀殿にお迎えした皇祖神に即位の挨拶と接待をするとともに、皇祖神から「天皇霊」を授かります。これを主基殿でも繰りかえします。

廻立殿で身を浄めた新天皇が「高天原」の悠紀殿、主基殿に歩みを進める様子を見てみましょう。まさに高天原を歩かれていることが実感されます。

夜の帳《とばり》に包まれて新天皇は悠紀殿に向います。歩みに合わせて、その先にゴザが敷き延べられ、歩いた傍から巻き上げられてゆきます。現在は渡り廊下を歩かれますが、かつては地面に敷かれた長い白布にゴザが重ねられ、そこを裸足で歩かれました。地に足跡を残すことはありません。そこは既に高天原であるからです。新天皇は雲路を歩みます。

このように、即位儀礼のなかでも最も重視される大嘗祭に「高天原」が出現していました。そこは皇祖神のおわす天上の神話空間であり、このことは古代でも現代でも変わりません。

さて、悠紀殿と主基殿はそれぞれ南北二つのゾーンに仕切られ、入口をもつ南のゾーンは「堂」、祭儀のおこなわれる北のゾーンは「室《むろ》」と呼ばれます。「堂」と「室」の面積比は二：三。「堂」は臣下の控えの間であり、祭儀は采女をともなって「室」でおこなわれ、その中央には布団が設けられます。前節で述べたように、タカミムスヒが主導する天孫降臨神話では、生まれたばかりの天孫ニニギがおくるみに包まれて地上に降臨します。そのおくるみを『日本書紀』は「真《ま》床《とこ》覆《おう》衾《ふすま》」と呼んでいます。折口信夫は、室の中央に敷かれた布団こそ真床覆衾であると喝破しました（前掲論文）。

即ち、皇祖神への挨拶と接待を済ませた天皇は、室の中央に用意された真床覆衾にくるまり――つまりニニギになり切ります――、天皇霊を迎える態勢を整えます。そして真床覆衾が取り払われる、まさにその時に、天皇霊が新天皇の身体に沁み込むのでした。

そう、悠紀殿と主基殿は天孫降臨の場なのです。古代の悠紀殿、主基殿が産屋のようであるのは、生まれたばかりの天孫ニニギが地上に降臨するにふさわしい場として設《しつら》えているのです。そして新天皇は天孫ニニギの生まれ変わりとしてふるまいます（多田一臣『柿本人麻呂』）。即ち新天皇は、天皇霊を得て真の天皇になるのでした。

（宮内庁は平成二年の大嘗祭に先立つ十月十九日の会見で、敷かれた布団に天皇は触れることはないと言明した。戦後はそうであっても、過去においてもそうだったとはいえない）

この祭りを初めておこなった持統天皇は、自らの権威を神の領域にまで高めたのです。

†孫への譲位と「高天原」「神からの委任」

六九七年八月一日、持統天皇の念願がついに叶います。立太子したばかりの孫の珂瑠王十五歳に譲位し（文武天皇）、自身は上皇となります。ここに〈皇太子―天皇―上皇〉というシステムが初めて血肉を得ました。

文武の即位宣命《せんみょう》のなかで持統から文武への譲位が大略、つぎのように語られています（「　」内は原文。『続日本紀』より）。

「高天原」にはじまる皇祖神ならびに歴代の天皇が紡いでこられた悠遠な時のながれを、今この時にいたるまでこの国をお治めになられてきた多くの「天つ神の御子《みこ》」のひとりとして、「天に坐《ま》す神」（＝天つ神）からの「依《よさ》し」（委任）を受けて「現御神《あきつみかみ》」（現人神）としてこの国をお治めになられる「倭根子《やまとねこ》天皇命《すめらみこと》」（持統天皇）が、「現御神」としてこの国をお治めになられる「天皇」（文武天皇）に、高御座《たかみくら》の業（皇位）を「授け」られました……

宣命とは天皇の意思を伝える文書。祭祀官僚が代読して立ち並ぶ官人たちに聴かせるスタイルをとります。文武天皇の即位式からはじまりましたが、これは年少だったためとみられます。しかしその後の即位式でも踏襲されました。

この宣命において、「高天原」が初めて公式に表明されました。さきに草壁皇子の殯宮で「天の河原」「天の原」が謳い上げられたことを見ましたが、それが見事に脱皮を遂げて「高天原」へと洗練されたことがわかります。

宣命の文意は、「高天原」にいらっしゃる天つ神からの委任を受けて天皇となられた持統という存在がまずあり、次にその持統から文武に皇位が授けられた、というもの。ここに天武の名はなく、歴代大王（天皇）の中に埋没しています。

そして、「男系男子」をいうために、のちに藤原氏によって強調される、文武の父草壁皇子とのつながりも出ていないことに注目しておきたいと思います。

宣命を聞くと、その背後に「高天原」を前提とする天孫降臨神話が醸成されていたことがわかりますが、ここで注意しておきたいことが二つあります。

（1）持統が皇位に就いたのは前天皇の天武からではなく、天つ神である皇祖神からの「委

任」である
（2）持統には天つ神から皇位が授けられたが、後継の文武には持統から授けられた

この二点により、持統天皇が王朝の始祖《しそ》であることが明示されました。その持統から譲位されたのですから、孫の文武はまぎれもない女系男子の天皇です。

孫への譲位を実現したことにより、天孫降臨神話を背景に〈アマテラス＝持統〉王朝は名実ともに揺るぎないものになりました。国際日本文化センターの倉本一宏教授は、この時点を以て持統「王朝」の成立を見ています（『持統女帝と皇位継承』）。

本書は持統王朝の成立を、さきに述べたように、天孫降臨神話にもとづいて持統が〝神として〟即位した時点に置いています。

3　持統がアマテラスになった証

ここまで「高天原」という天上の神話空間がつくり上げられ、そこに皇祖アマテラスがおわすこと、そして皇祖神の命令で孫が高天原から地上に降臨する神話、つまり天孫降臨神話が醸成されてゆくさまを見てきました。草壁挽歌、天神寿詞、文武即位宣命といった言語表現のみ

ならず、即位式や大嘗祭でのふるまい、伊勢神宮の建築をとおして〈アマテラス＝持統〉を核心とする天孫降臨神話が朝廷の内外に周知されてゆきました。

神話と政治と建築が織りなす、これでもかと言わんばかりの連続的パフォーマンスの数々。これら一連の出来事をとおして皇祖アマテラスと持統天皇の同一視が進められてゆくのでした。

このことは別の角度から見ても裏付けることができます。それを見ておきましょう。

†吉野行幸の謎

まず注目されるのは、持統天皇による吉野への行幸がおびただしい回数に及んでいたことです。行幸とは天皇の遠出ですが、吉野へは在位中に三十一回、譲位してからは一回、計三十二回になります（『日本書紀』）。

これは異常な回数といわねばなりません。在位期間は七年余ですので、平均して一年に四回。一回あたりの日数は三、四日の時もあれば、十日を超える時もありました。このような例は他の天皇には見られません。何かに憑《つ》かれたように持統は吉野行幸を繰りかえしていたのです。

なぜこれほどの回数に及ぶまでに吉野行幸をおこなったのでしょうか？

そしてそれが在位中に集中しているのはなぜでしょうか？

吉野行幸には、壬申の乱で蜂起の起点となった吉野の記憶をあらたにする、という面もあったでしょう。しかしそれだけでは到底説明し切れない回数の多さです。前にも触れましたように、奈良盆地の南にある吉野の地は神仙境として知られ、道教の聖地となっていました。また道教に通じていた祖母の大王斉明が宮を築いたところでもありました。その宮に持統は毎回入っていたとみられるのです。

何のために？

神仙境に入って霊力を身に付け、神になり切ろうとしていたのではないか。

言い換えれば、現人神でありつづけることをひたすら祈念していたのではないか。

吉野の地で霊力を身に付け、その霊力を衰えさせまいと、行幸を繰りかえしていたのではないか。

その神とは、いうまでもなく皇祖アマテラスにほかなりません。持統天皇が『日本書紀』で「高天原広野姫天皇」の名を得ていることは、当時そのような受け止めが朝廷に広がっていたことの証しでしょう。霊力というと今日ではオカルトじみますが、古代ではなんら奇異なことではありません。

なお譲位して上皇になると、吉野への行幸が極端に減って一回になります。この時の目的は孫への譲位を無事におこなったことの報告だったのでしょう。

即ち、上皇となって持統は〝アマテラスの衣〟を脱いだのです。

†重臣の反対を押し切った伊勢行幸

伊勢神宮の内宮最初の式年遷宮から二年が経ち、九月には外宮の式年遷宮が予定されている六九二年の春――。前年に大嘗祭を済ませた持統天皇は伊勢に行幸しました。そこにいたる経緯を『日本書紀』はつぎのように伝えています（抜粋）。

二月十一日、「三月三日を以て、伊勢に幸《いでま》さむ」とのたまふ
二月十九日、大三輪朝臣《おほみわのあそみ》高市《たけち》麻呂《まろ》、表《ふみ》を上《たてまつ》りて敢直《ただに》言《まう》して、天皇の、伊勢に幸さむとして農時を妨げたまふことを諫《あは》め争《いさ》めまつる
三月三日、大三輪朝臣高市麻呂、其の冠位《かうぶり》を脱きて、朝《みかど》に擎《ささ》上げて重ねて諫めて曰さく、「農作の節、車駕《しやか》、未だ以て動きたまふべからず」とまうす
三月六日、天皇、諫に従ひたまはず、遂に伊勢に幸す

容易ならざる事態です。大三輪朝臣高市麻呂なる人物は壬申の乱で多大な戦功をあげた、前天皇天武の重臣。伝統的に三輪山の神を祭ってきた祭祀氏族の出です。

その高市麻呂が持統の伊勢行幸に対し、諫言《かんげん》したばかりか、「冠位を脱きて」、つまり職を賭

してまでして、二度にわたって強硬に止めようとしました。公の場で、天皇を前にしての行為ですから、並々ならぬ覚悟があったにちがいありません。

『日本書紀』が伝える高市麻呂の反対理由は、農繁期にある地元民の作業を妨げるというもの。理由がそれだけなら、反対を押し切って伊勢行幸を強行した持統は単にわがままな天皇ということになってしまいます。

天武の重臣による重ねての諫言を押し切っておこなわれた伊勢行幸。そのほんとうの目的はいったい、何だったのでしょうか？

†強行する理由、反対する理由

伊勢への行幸が強行されたこの年は、いま述べたように、内宮最初の式年遷宮の二年後にあたり、九月には外宮最初の式年遷宮がなされる予定になっていました。行幸のあった三月は外宮の遷宮準備が佳境に入ったころです。この行幸は、自分がアマテラスとしてふるまうことを伊勢神宮内宮に報告し、併せてその許しを得るためだったのではないか。そして外宮の準備状況を実際に見ることもあったでしょう。

一方、伝統的に三輪山の神を祭ってきた祭祀氏族の三輪高市麻呂にしてみれば、伊勢にあたらしい神を祭るなど到底許容できないことでした。『日本書紀』を参考にしてこの辺りの事情

を説明しますと（一部私見を含む）、

初期の王権は三輪山山麓を根拠地とした。大和盆地の外から入って来たとみられるこの王権は太陽神を持ち込んだ。一方、三輪山には在来の神（＝蛇神）への信仰が根づよくあり、これを祭っていたのが三輪氏だった。王権は当初これを受け容れたものの太陽神との折り合いが悪いため、太陽神を伊勢に遷すことにした。こうなると三輪山信仰は一地方の信仰に戻るしかなく、三輪氏の立場は下落することになってしまう。

これだけではありません。持統天皇の企ては天武の棚上げにつながる可能性がありました。伊勢神宮を手掛かりにして自らの王朝を築くという持統の野望は、夫であった天武の意思を逸脱し、さらには天武を棚上げし、皇統をリセットして再構築するものでした。

三輪高市麻呂はこの危険な企て、その意味するところを察知したのではないか。それだからこそ職を賭し、身体を張って、何としてでも行幸を止めようとしたのだと思われます。壬申の乱において命がけで天武に仕え、敬い慕ってきた重臣として、天武の棚上げなど、けっして容認できるものではなかったのです。

しかし持統は伊勢行幸を強行しました。ここはけっして妥協できないところだったのです。

自身を女神アマテラスとして押し出し、名実ともに皇祖神としての自分を徹底的に演じるのでした。それはまさしくあたらしい王朝の幕開けだったのです。

†斎王不在が意味するもの

持統天皇がアマテラスとしてふるまった証しとして、最後に挙げるのは、この天皇の在位中は伊勢に斎王《さいおう》が不在だったことです。

古代から中世、南北朝時代まで、伊勢に皇女ないしはこれに近い独身の皇族女性が斎王として派遣され、皇祖アマテラスに仕える制度がありました。歴代の天皇は代替わり毎に斎王を選び出し、伊勢に設けられた斎宮《さいくう》に居住させました（内宮から十三キロほど。三重県多気郡明和町）。天皇に代わって斎王は伊勢神宮におわすアマテラスに仕えます。派遣期間は、皇女の場合は天皇が亡くなるか譲位する時まで、それ以外の場合は親が亡くなるまでつづきました（例外あり）。

天武天皇は即位するや、時を置かずして斎王に大伯《おおく》皇女を任命しました。さきに触れた大津皇子の姉で、天武が持統の姉大田皇女とのあいだになした娘です。彼女は伊勢で斎王としての生活を送っていましたが、大津皇子が謀叛のかどで処刑されるや、姉の大伯はすぐさま飛鳥に召喚されました。

以来、伊勢に斎王が不在となりました。鸕野皇后（持統）は大伯に代わる斎王を任命しなかったのです。

なぜでしょうか？

アマテラスとしてふるまう持統天皇ですから、持統在位の間は建前上、アマテラスと同体です。即ち、アマテラスは伊勢でなく飛鳥の都にいることになり、何も斎王が伊勢にいる必要はありません。いたらかえって〈アマテラス＝持統〉という建前がおかしくなってしまいます。

事実、持統が孫の文武に譲位するや、天武が遺した當耆《たき》皇女が斎王として伊勢に赴くのでした。吉野行幸の場合と同じく、譲位した持統は〝アマテラスの衣〟を脱いだのです。

補足しますと、女性天皇だから斎王が不要だったということではありません。例えば、その後の元正、称徳など女性天皇の時代にも伊勢に斎王が派遣されています。しかしそうしたなかにあって、文武の母親である元明の代では斎王が不在でした（榎村寛之『伊勢斎宮の歴史と文化』）。

その理由は、はっきりしています。元明天皇と即位が期待されていた首《おびと》親王（のちの聖武天皇）が〈祖母―孫〉の関係にあったからです。そう、持統と孫の珂瑠王（のちの文武天皇）の関係と同じです。ここでも天孫降臨神話におけるアマテラスと天孫ニニギの関係が当て嵌まります。元明がアマテラスなら、孫の首はニニギ――。天孫降臨神話は二度使えるのでした。

つまり元明も持統と同じく、アマテラスになぞらえられていました。それで元明の在位中に斎王を伊勢に派遣することはなかったのです。

第三章

天皇制の礎

——恒久の都と更新の思想をつくる

天武・持統天皇陵(檜隅大内陵。著者撮影)

前章では、あたらしい神話の醸成とともに〈持統王朝〉が成立したことを述べ、そのなかで、神話の舞台となった伊勢神宮と大嘗祭の建築を具体的に見ました。

つづく本章では視野をさらにひろげ、〈持統王朝〉の都であった藤原京、持統が手掛けた四つの陵墓と藤原宮との関係、そして伊勢神宮における式年遷宮の営みを見てゆきます。これらをとおして〈持統王朝〉の空間的、時間的アイデンティティを確かめ、全体像に迫りましょう。〈持統王朝〉はどのような空間を築き、時間を紡いでいたのでしょうか？

〈持統王朝〉の都としての藤原京は、我が国初の碁盤目状恒久都市として建設されました。そこで繰りひろげられたのは、〝絶対不変〟の北極星を原点とする中国の古典的都市理念、そして大陸様式による堂々たる建築でした。中国文明の大きな波を自ら進んでもろに被るなかで、自作の神話と結びついた我が国古来の萱葺き、掘立て柱の建物は、はたしてどのような命運をたどるのでしょうか？

「空間」を通して見る、中国と日本の共通性と違い――。そのありように〈持統王朝〉の特質を見出すことができるかもしれません。

勿論、空間は「時間」と切り離すことができません。空間の探究は必然的に、どのような時間が紡ぎ出されていたかにも及びます。持統王朝ではじまった伊勢神宮の式年遷宮が、その格好の材料になるでしょう。

権力がもとめる〝永続〟と、皇統の活性化をもとめる〝更新〟――〝永続〟は藤原京に、〝更新〟は伊勢神宮式年遷宮に託されました。二つのベクトルがあい拮抗して〈持統王朝〉を生気づけます。そこに見る、中国と日本の「時間」感覚。その共存はわが国の未来を告げるものでした。

まずは持統王朝の都、藤原京の建設から。

1 〈持統王朝〉の都・藤原京

†歴代遷宮から藤原京へ

第一章視点2で触れましたように、歴代遷宮の収束期に入りますと王宮は、同じ場所に建て替えられ、また増築されるようになりました。

飛鳥岡本宮（舒明）―飛鳥蓋葺宮（皇極▼）―後飛鳥岡本宮（斉明▼＝皇極）―飛鳥浄御原宮（天武）

これは何を意味するのでしょうか？

王権のリセットにより、新王権の清新さをアピールする歴代遷宮でしたが、一方で、王権の継続性においては不安定な面をともないました。いうまでもなく、リセットと継続は相反します。大まかにいえば、〝リセット〟は豪族側に主導権がありますが、〝継続〟となりますと大王（天皇）側に主導権が移ります。その動きが徐々につよまってきました。王宮の場所が定まってきたのはそのあらわれです。

こうして歴代遷宮は次第に減速し、停止にむかいます。同時にそれは、天皇への権力と権威の集中、そして勿論、継続を意味しました。決定打となったのが、天武と持統による我が国初の碁盤目状恒久都市の建設でした。藤原京です。

それは歴代遷宮からの完全なる脱却を実現し、王権の基盤を盤石にしようとするものでした。

†天武朝の「新城」から持統朝の「新益京」へ

天武天皇は六七六年、狭い飛鳥盆地から北西に三キロほど、広い奈良盆地の東南部に進出し、碁盤目状の街区割りをもつ都市の建設に踏み切りました（後掲**図8**、**図9**）。歴史学では藤原京と呼びますが、この語は『日本書紀』にありません。「藤原宮」に合わせて、京域を藤原京としたものです。これは明治時代に喜田貞吉《きださだきち》によって名付けられ、現在も使われています。『日本書紀』はこれを「新城《にいき》」と呼びます。八年後の六八四年に天武天皇が現地を実際に見て回り、「宮室之地」を決めました。「宮室」とは王宮を指します。天皇の居所であり、政治を執りおこなう藤原宮の位置がやっと決まりました。

六七六年に着工したものの、直ぐに中断され、六年後に再開。その二年後に王宮の位置を決めたとは、大変遅いといわざるを得ません。じつは藤原宮の域内には、建物が建つより先に碁盤目状の街路網が工事されていました。

このことから「新城」には当初、王宮が計画されていなかった可能性があります。簡明に表現すれば、「飛鳥浄御原宮＋新城」だったのではないか。

そうなると、新城は飛鳥浄御原宮とセットになったニュータウンのようなものだったのかもしれません。それが後になって、王宮をここに遷して本格的な京に計画変更されたとみられます（異論あり）。即ち、飛鳥から藤原京への遷都になります。

ところが六八六年、工事は再び中断。天武が没したためです。四年後の六九〇年正月に持統が即位し、太政大臣となった天武の長男高市皇子が十月に藤原宮の地を視察。年末には持統が藤原宮の予定地を訪れ、工事再開を決定しました。

翌年十月に「使者を遣わして新益京《あらましのみやこ》に鎮《しず》め祭らしむ」（『日本書紀』）。これが「新城」に代わる「新益京」の初出であり、その地鎮祭をしたとあります。この語の意味は「新たに益された京」。

『日本書紀』は、なぜ「新城」を「新益京」と言い換えたのでしょうか？

歴史学、考古学の定説は「新城」と「新益京」を連続的に扱い、同じものとみています。しかしながら、呼称の変化は中身の変化をともなっているのではないか？

まずは、こう考えるのが自然でしょう。まして天武から持統へと、代替わりが起きた局面での変化なのですから――

†現在の定説は

それでは、藤原京についての現在の定説を見ておきましょう。

京域は正方位をとる五・三キロ四方の巨大な正方形として計画され、その中心に、これまた正方形の藤原宮が位置していた――。この復元案が現在、もっとも有力視されています。

この巨大な正方形は東西、南北とも十の街区に碁盤目状に分割され、そのうち中心ゾーンをなす四区画を藤原宮が占める、というきわめて図式的で理念的な構成になっています。これは発表当時、奈良文化財研究所に所属していた小澤毅三重大学教授によるものです（図8、『日本古代宮都構造の研究』）。

この復元でまず印象的なのは、巨大な正方形の輪郭のなかに大和三山が完全に取り込まれていること。三山への信仰がつよくあったことがうかがえますが、碁盤目状の都の中に取り込むとは何とも大胆な発想です。

それだけではありません。この巨大な正方形の都は三山にとどまらず、南東部にかなりの丘陵地域を含んでいるのです。三山および南東部丘陵に道路の敷設はなく、その結果、道路は何度も丘陵で分断されます。道路網が十分に通じない都は現実的とはいえず、フィクショナルな理念上の存在とならざるを得ません。

ほんとうにこの規模の正方形の都が、当初から天武朝で構想されていたのでしょうか？

†天武天皇が間違えた？

ほぼ定説化しているこの復元案では、例えば、巨大正方形の南縁をなす十条大路は南東部の丘陵にふさがれ、大路は本来の長さの半分にも至ることができません。実際、発掘調査においても十条大路は見い出されていないのです。

天武が定めた藤原宮の位置を前提として、これを中心に、巨大正方形都市として計画し直したが、南端部は丘陵部に阻まれて未施工に終わらざるを得なかった——。これがほんとうのところではないか。

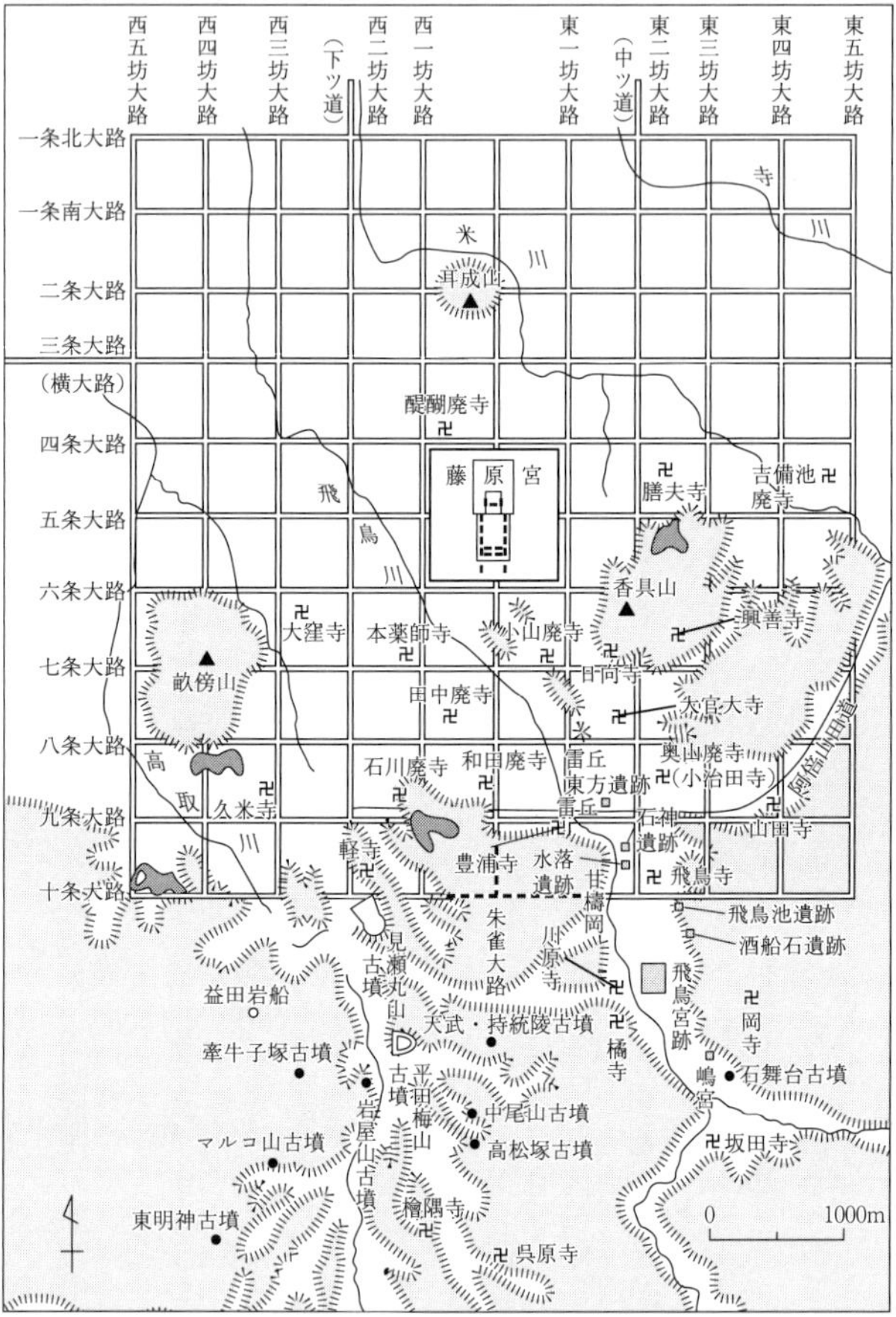

図8　小澤毅によって復元された藤原京と南部の古墳群（吉川真司『天皇の歴史 02』）

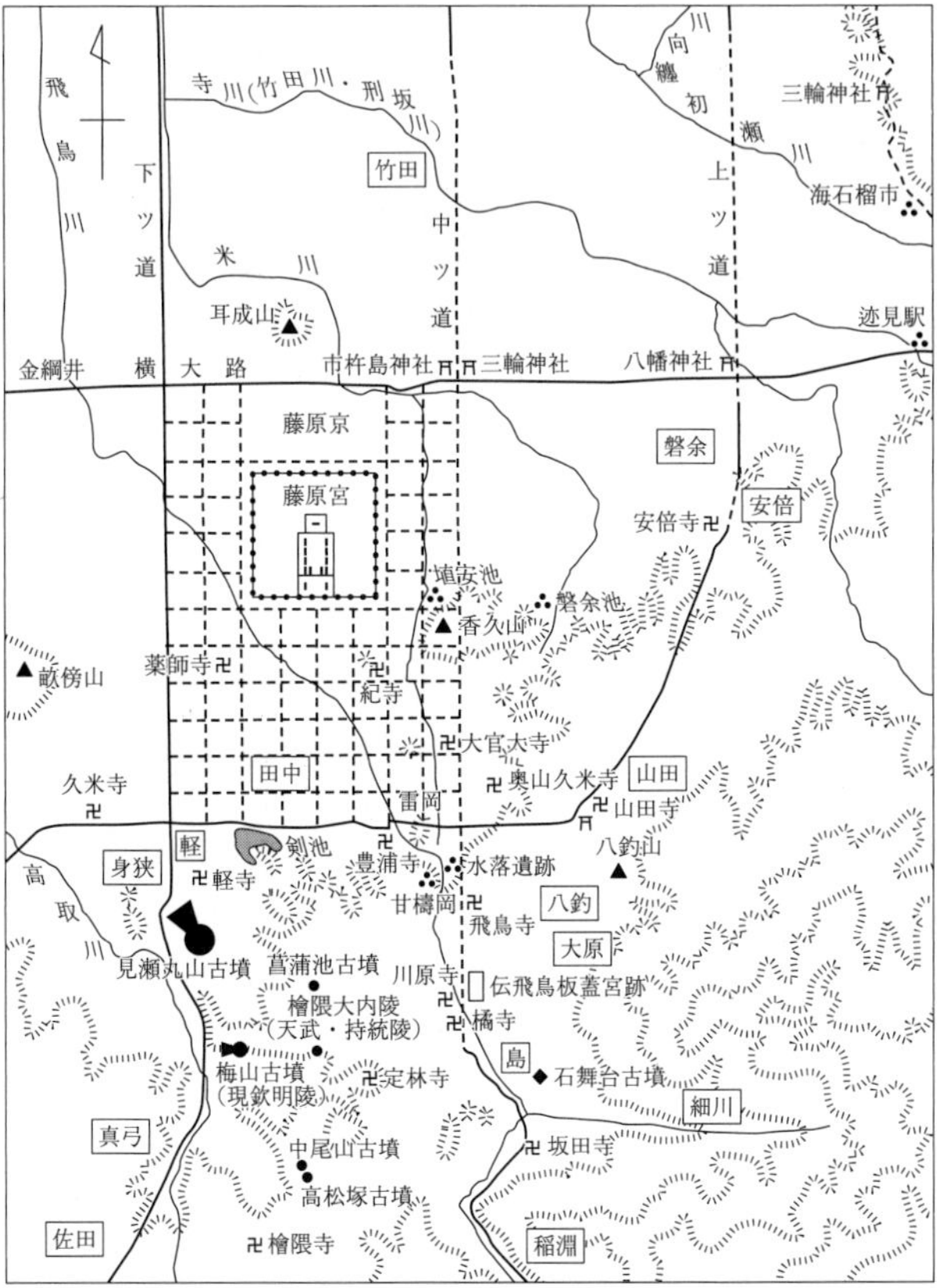

図9　岸俊男によって復元された藤原京と南部の古墳群（かつて定説とされてきた。岸俊男編『日本の古代9』）

この復元案が当初から計画されていた案であるならば、正方形の中心をなす「宮室之地」の位置決めが間違っていたことになるでしょう。天武が決めた「宮室之地」がもっと北に寄っていれば、南側に平地をもっと確保できたはずであり、例えば十条大路がこれほどまで大きく南東部丘陵にかかることもありませんでした。建築家としてそう考えます。

藤原宮の位置が先に決まっていて、これを中心に巨大正方形の京域を描くとなると、現実には地形上の制約があって完遂はむずかしいものでした。ここでつぎのことに気づかされます。

天武が「新城」の「宮室之地」を決めた時、京域は巨大な正方形ではなかったのではないか。その時、「新城」の京域はどう構想されていたのか？

そもそも「宮室之地」は「新城」の中心ではなかったのではないか？

†新説の提示

今となってはよくわかりません。しかし一例として参考になる案があります。それは現在の定説が打ち出されるまで、長年にわたって定説とされてきた、京都大学教授岸俊男による藤原京復元案です（**図9**）。この場合、南東丘陵は京域に全くかからず、僅かに天の香久山が一部に喰い込む程度です。天武が構想した「新城」は、あるいはこのようなものだったのではないか（但し岸説に限定されない）。

それが持統朝にいたって、「宮室之地」は天武が決めたままに、これを中心として周囲の京域が一気に拡大され、巨大な正方形になった結果、大和三山を完璧に含むどころか、南東の丘陵にまで及ぶことになりました。強引にもこれを押し通したのが持統天皇の「新益京」だったのではないか。それが壮大な観念の産物だったことは否めません。

改めて考えてみましょう。「新益京」はいったい、何に対して「新たに益された」のでしょうか？

これまでは漠然と、飛鳥浄御原宮のまわりにひろがっていた、条坊制《じょうぼう》（格子状の土地区画）のない飛鳥の都に「新たに益された」と考えられてきました。しかし、よく考えますと、「新益京」とは従来の都を活かしたうえで、そこに「新たに益された京」という意味です。飛鳥の都には飛鳥浄御原宮という立派な王宮がありますから、新益京（藤原京）が藤原宮をもちますと、近接して二つの王宮が存在し、ダブってしまいます。

（『日本書紀』によれば、天武天皇には都を複数もつ構想があり、難波と諏訪を検討していた。藤原もその一例とみる説があるが、飛鳥と藤原では三キロほど。近すぎて複都の意味をなさない）

一般に藤原京への遷都は六九四年とされていますが、じつはこの時は持統天皇が藤原宮の内裏に遷居しただけであって、国家的行事の場である大極殿《だいごくでん》では工事がなお続行されていました。これは考古学的に判明しています。大極殿が完成するまでの間、持統は居住する藤原宮の内裏から飛鳥浄御原宮に通っていました。しかしそれは移行期における臨時の措置であり、最終的に王宮は藤原宮に一本化されます。

そうなると「新益京」は、飛鳥の都に対して新たに益されたというよりは、先行していた天武天皇の「新城」に対して、後継の持統天皇が「新たに益した京」と解すべきなのではないか。

†重畳する正方形の世界――大地・王都・王宮

それにしても持統天皇は、なぜ、「宮室之地」を中心とする巨大正方形にこだわったのでしょうか？

そもそもこの構想はどこから来たのでしょうか？

藤原京の発想は、『周礼《しゆらい》』「考工記」のいう理想的都市モデルを範としていたとみられています（小澤、前掲）。

（『周礼』は紀元前二世紀、前漢時代の成立。理想化された周の行政について書かれた儒教の規範書で、「考工記」はそこに収載された一篇）

中国からの情報収集は六六九年の遣唐使の派遣を最後に途絶えていたものの、六八一年に出国した遣新羅《しらぎ》使が『周礼』を知り、帰国後には藤原京建設に関与したといわれます（鈴木靖民「日本古代国家への道」）。もっとも『周礼』は新思想というわけではなく、古典ですので、これまでに派遣されていた遣隋使や遣唐使たちからもその情報が入っていた可能性も大いにあります。

さて、持統天皇が採用した『周礼』の都市モデルとは、どのようなものだったのでしょうか？　古代中国の宇宙観、世界観を簡潔に説くのは大変むずかしく、本書に必要なところだけを簡略に述べます。

中国には古くから、天は巨大なドーム状で、地は巨大な正方形をなすという宇宙観がありました。「天円地方」と簡潔に表現されます。天がドーム状なのはわかりやすいですが、地が正方形なのは東西南北の四方位によるものでしょう。これにもとづいて、地上世界が正方形をなすのと同じく、それを凝縮させたかたちで京域（王城）も正方形の輪郭をなし、その中心に王宮が位置すべきである、との考えが『周礼』に示されているのです（**図10**、中国で京域は高い壁に囲まれ、王城と呼ばれた）。

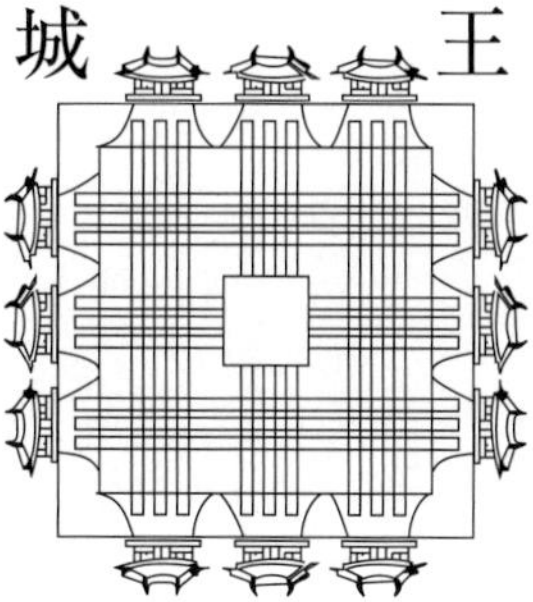

図10　『周礼』のながれを汲む王都模式図（佐川英治『中国古代都城の設計と思想』）

紀元前三世紀、秦の時代に「皇帝」という称号が使われ出しました（秦の始皇帝）。この称号は北極星と結び付いていました。全ての星々がそのまわりを回る宇宙の〈中心〉、それが北極星であり、「天帝」と呼ばれます。これに対し、地上を治めるのが「皇帝」で、その居所が王宮。このような天と地の関係は絶対不変とされていました。

時代は降って三世紀、三国時代の魏《ぎ》の時代になりますと、王宮の中心建物として大極殿が設定され、まさしくそこが地上世界の〈中心〉とみなされるようになりました。地上を治める皇帝はそこで君臨します。天帝と皇帝は〈天—地〉の関係にありますが、我が国の天皇は天帝と皇帝をあいまいに融合させて生まれた可能性があります。

†藤原京・絶対不変の世界観

「新益京」の巨大正方形の中心に、地上世界の〈中心〉として、藤原宮内に大極殿が建てられました。その背景にはいま見たような中国最古、絶対不変の宇宙観がありました。大極殿をもつ藤原宮は世界の〈中心〉にあってこそ意味があるのですから、代替わりごとに位置を変えるなど、あり得ません。

代替わりごとにおこなわれてきた歴代遷宮を止め、藤原京内の藤原宮で、持統天皇の子孫が代々栄える——。そのような構想の下に、未来永劫《えいごう》につづく持統王朝の都が造られたのです。それは中国に発する壮大な宇宙観、世界観を埋蔵する巨大な都でした。持統は藤原京に、たとえ現実に不都合が生じようと、巨大正方形の都の中心にある正方形の王宮、という〝絶対不変〟の世界をもとめたのです。

こうして藤原京は天武朝の「新城」から、持統朝の「新益京」へと一大転換を遂げるのでした。

†新益京建設のプロセス

いまや教科書に堂々と掲載されている巨大正方形都市としての藤原京。

あたらしく巨大正方形が設定されたのは、実際には以上に述べたように、天武によって王宮の位置決めがなされた後、持統によって工事の再開が計画されたころとみられます。『日本書紀』が天武朝で「新城」、持統朝で「新益京」と表記を変えているのは、まさにこれに対応しているのです。

あらためて「新益京」建設のプロセスを『日本書紀』に見てみましょう。

藤原宮の位置決めは、天武天皇が「宮室之地」を定めたとある六八四年。この時はまだ、王宮を中心とする巨大正方形の京域構想はありませんでした。

持統即位の六九〇年、太政大臣の高市皇子が十月に藤原宮の地を視察しています。これを踏まえて十二月には持統自身が同地を視察します。

藤原宮を中心とする正方形の都に拡大する計画変更は、このころ、即ち六九〇年から六九一年前半にかけてなされたとみられます。

先述のように、六九一年十月に「新益京」の地鎮祭がおこなわれ、持統は使者を遣わせました。ここで初めて「新益京」の語が出てきます。あたらしい天皇の下、天武の「新城」を超えて、藤原宮を中心とする正方形の都が着工しました。

翌六九二年五月に藤原宮の地鎮祭がおこなわれています。前年十月の新益京の地鎮祭にくらべて遅い感がしますが、藤原京の計画が巨大正方形に拡大されたことを受けて、藤原宮の中心性を高めるための再設計に時間を要したのでしょう。


それにしても太陽神アマテラスの孫が地上に降臨する天孫降臨神話と、天帝即ち北極星を至高とする中国思想との関係が気になります。おそらく持統天皇は、アマテラスを国内秩序のなかに、北極星を大陸に通用する国際秩序のなかに位置づけていたのでしょう。また太陽神アマテラスは昼の秩序を、天帝である北極星は夜の秩序をつかさどる、と棲み分けていたのかもしれません。

藤原京の復元図を見ますと、なぜか時間が止まったような感覚に襲われます。人びとの営みを想像するのは難しく、活き活きとした首都のダイナミズムをうかがうことができません。まさに宇宙からの視点で静止画像を見ているような印象です。

絶対的宇宙観、世界観に裏打ちされた都の理念の実現という意味では完璧かもしれず、おそらく持統はそれをもとめたのでしょう。しかし現実には、そこにどうやって生気を注入してゆくか、というテーマが浮かび上がってくるように思われます。

†藤原宮のようす

以上のように持統天皇は藤原京と藤原宮に中国思想を大々的に導入しました。同時に即物レベルでは、藤原宮に建つ大極殿や朝堂など、国家的儀式や政治の場となる建物には瓦屋根で礎石建ちという中国伝来の建築様式を採りました。王宮に中国様式をもちいるのは史上初めてのことでした。

それではまず藤原京の中心をなす藤原宮の構成から見てゆきましょう。

藤原宮は、ほぼ九二〇メートル角の正方形をなします（かなりの施工誤差あり）。正方形の中心に、南北を二分するかのように大極殿南門が建ちます。この門を『続日本紀』は「重閣門《じゆうかくもん》」「重閣中門《ちゆうもん》」と呼んでいます。他の一般の門と異なって二層の瓦屋根をもつ、きわめて存在感のある門だったのでしょう。

基本的に、重閣門の北側が天皇のゾーン、南側が臣下のゾーンです。精確に言いますと、藤原宮・京の中心に位置するのは大極殿というより、じつはこちらの門（**図11**）。理念そのまま

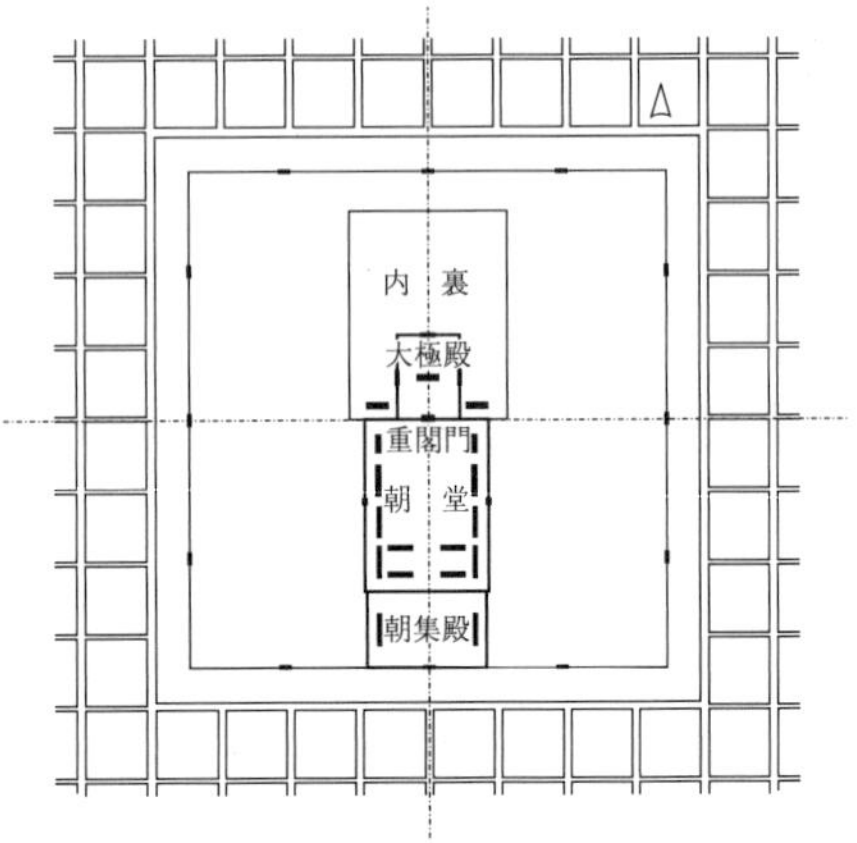

図11　藤原宮配置図（林部均『飛鳥の都と藤原京』より作成）

にはいかなかったのはおそらく設計上の理由からでしょう。しかし存在感のある重厚な門を中心に置き、天皇のゾーンと臣下のゾーンの切り替えポイントにするのは、これはこれで上策といえます。重要な行事の場合などには、天皇がこの門までお出ましになることもありました。

　重閣門の北側にある大極殿では即位式や元日朝賀などの国家的儀式がおこなわれます。この最重要の建物を壁で囲った区域が大極殿院で、その北側に天皇の居所である内裏がひろがります。

　一方、重閣門の南側は朝堂院。中央に朝庭がひろがり、これを囲むように役人が執務する朝堂が十二棟建ち並んでいます（**図11**）。

　国家的行事をおこない、また外国使節の目に触れる大極殿や朝堂には、礎石に太い柱が立ち、重厚な瓦葺きの屋根をもつ、中国に発する大陸様式が採用されました。木部には塗装がなされ、柱や梁は朱色に、土壁は白色に、連子《れんじ》（縦格子）や窓枠は緑色に塗り分けられました。寺院にしか見られなかった大陸様式が、初めて王宮に導入されたのです。この点で藤原宮の大極殿や朝堂は非常に先進的で開明的だったといえます（この大極殿は平城京遷都でそのまま移建された。現在それが復元されている）。

†内裏は〈持統＝アマテラス〉の住まい

一方、内裏があった区域は江戸時代に溜池になっていたため、思うような発掘成果が得られていません。しかし瓦の出土が見られず、また柱の抜き取り穴が認められるため、建物は大陸様式によらず、列島在来の伝統工法によっていたことがわかっています。発掘に関わった考古学者は、屋根は檜《ひのき》の樹皮を使った檜皮葺《ひわだぶ》きで、掘立て柱の建物だったと推定しています。掘立て柱には同意しますが、屋根の葺き方については疑問があります。

内裏が伝統工法を採っていたのは、経費をかけずに工期短縮を図るという合理的理由だけではないでしょう。国際交流の場となるところでは大陸様式をもちいて文明国であることを誇示する。その一方で、天皇の住まいである内裏が在来工法であるのは、住み慣れたものがよいというだけでなく、我が国の伝統を守りとおすという決意のあらわれでもあるでしょう。

内裏の屋根は、いま述べたように檜皮葺きとみられています。伝統工法として当時最高級の屋根仕上げだから、という理由なのでしょうが、建築家である著者は、我が国の木造建築の原点というべき萱葺きだったのでは、と考えています。

藤原宮の内裏に最初に入った持統天皇は、伊勢神宮の式年遷宮を最初に挙行した天皇です。これまで述べてきましたように、持統は自らを皇祖アマテラスになぞらえ、そのようにふるまってきました。この点からしますと、〈持統＝アマテラス〉の住まいである藤原宮内裏の屋根は当然、伊勢神宮と同じく、萱葺きだったのではないかと思うのです（拙稿「天皇の住まいと皇位継承」）。

†代替わりごとに建て替えられた内裏

じつは近年、これを傍証する考古学の成果が出てきています。藤原宮の内裏は〈持統―文武―元明〉と三代の天皇が居住しましたが、内裏は代替わりごとに建て替えられていました。建て替えという点で伊勢神宮の式年遷宮と内裏は共通しているのです（市大樹「藤原京―中国式都城の受容」）。

勿論、伊勢神宮の建て替えが周期的であるのに対し、内裏は代替わりの時と、おこなうタイミングは違います。しかし建て替えに蘇生・更新の息吹を期すのは同じです。この点からも、内裏の屋根は伊勢神宮と同じく萱葺きだったとみるのが自然でしょう。

内裏が代替わりごとに建て替えられていたことは、歴代遷宮のなごりともいえ、ここに日本的感性があらわれています。藤原京があまりに理念的、静止的な構成であるが故に、生気に欠けるおそれがあることをさきに指摘しました。代替わりごとに内裏が建て替えられたことによって、その都度、藤原宮に生気がみなぎったことでしょう。

柔らかくふさふさとした内裏の萱葺きは、大極殿の重厚で豪壮な瓦葺きと鮮やかなコントラストを見せていました。内裏に入った持統天皇は、伊勢神宮に通じる萱葺き、掘立て柱の建築を使って自身をアマテラスの再来とアピールし、神的威信を高めるのでした。

†ずらされていた大嘗宮

同じく大嘗祭も、代替わりのたびに執りおこなわれました。藤原宮で大嘗祭をおこなった天皇は文武・元明の二代。舞台となる大嘗宮はその都度、朝堂院中央の朝庭に、前代と四〇尺（一二メートル）ずつ南に位置をずらして建てられ、祭りが終われば直ちに取り壊されるのでした。このことは平城京の発掘調査でわかったことですが（岩永省三『古代都城の空間操作と荘厳』）、おそらく藤原京でも同様だったと考えられます。歴代遷宮の記憶がより生々しかったことからも、そういえるでしょう。

意図してずらすのは、単に過去を繰りかえすのではなく、一世一代のあたらしい出来事であり、その一回性こそキモなのだという感覚があったからでしょう。

このように見てきますと、中国伝来の〝絶対不変〟の悠久の世界、即ち藤原京の中に、単なる繰りかえしではない更新、若返りを尊び寿《ことほ》ぐ小刻みな時間——いわば〝生命的〟な時間——が巧く織り込まれていたことがわかります。それは日本特有の、肌理《きめ》細やかなあたらしさの感覚といっていいのではないか。

2 〈持統王朝〉の伊勢神宮式年遷宮

あたらしいこと、若々しいことはどこの国でも好まれるでしょう。しかし我が国はことのほか、その傾向がつよいのではないでしょうか。

例えば若水、若菜、若草、若松、そして初日の出、初鰹、初穂、初搾り（一番搾り）……と初物を珍重し、若さ、新鮮さ、初々《ういうい》しさを称揚することばは多く、その心性は今も昔も変わらないように思われます。

伊勢神宮では百二十年余りにおよぶ中断期をはさみながらも、千三百年間にわたって式年遷宮がおこなわれてきました。それが現代でも多くの人びとを惹きつけるのは、単に古くからの伝統というだけでなく、そのなかに新鮮さ、若々しさ、あたらしさがあるからでしょう。

伊勢神宮の建築様式については前章で述べましたが、ここでは王宮の歴代遷宮を引き取るかたちで式年遷宮がはじまったことを述べます。そこには共通して、あたらしさを反復してゆくこと、更新してゆくことで時間を紡ぎ出す日本特有の感覚があらわれています。

†歴代遷宮の停止と式年遷宮の開始

四百五十年もの長期にわたって営まれた王宮の歴代遷宮は、藤原京の建設によって終止符を打ちました。この恒久の都は既述のように、持統王朝の永続を期して建設されましたが、反面、歴代遷宮が停止しただけでは、王権を蘇生《そせい》・更新する効能が失われてしまいます。そこで代替りごとに内裏の建て替えがなされたわけですが、それだけで十分といえるのか？

権威の衰退を避け、王権が活き活きとした生命力を保持するにはどうしたらよいのか。どこにそれをもとめたらよいのか？

その答えが、持統即位の六九〇年になされた伊勢神宮第一回式年遷宮でした。既述のように、式年遷宮とは社殿を二十年に一度、隣に用意された土地に建て替え、皇祖神に新社殿に遷っていただく行事です。神宮の文書である「太神宮諸雑事記《だいじんぐうしょぞうじき》」流布本によれば、この制度が定められたのが二年前の六八八年でした（異本では六八五年）。

あたらしい拡大構想の下、藤原京の工事再開が決定されたのは六九〇年です。それは歴代遷宮の停止を意味しました。神宮の式年遷宮はまさにこの年に、王宮の歴代遷宮停止と入れ替わるかたちではじまったのです。歴代遷宮が担っていた王権の蘇生・更新の機能を、皇室の祖先神を蘇生・更新させることによって代替しようとするのでした。

式年遷宮により伊勢神宮の社殿は二十年の周期で建て替えられて更新し、そこに祭られる皇祖アマテラスは同じ周期で蘇生します。それは王権を停滞から救い、活性化させる魔術的な策といえます。

王権の不安定さという歴代遷宮の、天皇にとって悪しき面は藤原京の建設によって乗り越えられ、一方、王権の蘇生という良き面が伊勢神宮の式年遷宮に引き継がれたのです。

式年遷宮は、代替わりに直接対応するものではなく、この点で歴代遷宮と次元が異なります。その意味でいうと、式年遷宮は歴代遷宮を「引き継いだ」というより「引き上げた」というのが精確かもしれません。

†建て替えること自体に意味があった

歴代遷宮と式年遷宮に共通する理由として、常にあたらしさ、若々しさ、清浄さをもとめる列島の人びとの心性を挙げたいと思います。このことについて私見を述べます。

王宮の歴代遷宮と神宮の式年遷宮には共通する点があります。それは建物を建て替える、それも別の土地に、ということです。

建築家として著者が思うのは、王宮や神宮を建てるのは単に用途を満たすためだけではないということ。建てるということ自体に大きな意味があります。それは樹立されたあたらしい権力・権威を誰の目にも見えるかたちで示す政治的パフォーマンスでした。

建築は単なる手段や道具ではありません。あたらしい王宮の出現は、王権そのものの更新を目のあたりにさせますし、あたらしい社殿の出現は祭られる神の蘇生をアピールします。

歴代遷宮と式年遷宮には共通して、権威・神威を更新・蘇生させる効能がありましたが、まさしくそれは建て替えること、そのことに内在しているちからです。

式年遷宮を実行したのは持統天皇ですが、その根底にはあたらしさ、若々しさをことのほか尊ぶ、列島ならではの心性がありました。それ故、大きな説得力をもったのです。

清新なイメージこそ、皇祖アマテラスの住まいである伊勢神宮の社殿にふさわしい。逆に社殿の老朽化は、アマテラスの神威の衰退につながってしまいます。萱葺きで掘立て柱という、もとより建て替えを前提とする社殿です。アマテラスに常に若々しく、溌剌《はつらつ》としていただくためには、社殿が老朽化する前に建て替え、あたらしい宮に遷っていただく以上のことはありません。そこには大きな意味があるのです。

(伊勢神宮は当初の形を寸分違わず現代に伝えているといわれるが、これは誤り。基本形を守りながらも絶えず更新されてきた。詳しくは拙著『伊勢神宮と天皇の謎』）

†天皇としての正統性を誇示する――神話と建築から

もっとも歴代遷宮を式年遷宮に直接敷衍《ふえん》すれば、天皇の代替わりのたびに社殿を建て替えることになるでしょう。しかしそれではかえって皇統が不安定になってしまうおそれがあります。そうではなくて、〈皇祖―皇孫〉の関係からなる皇統を常に生気づけておくために、定期的に社殿を建て替える式年遷宮が伊勢神宮に導入されたのです。

歴代遷宮では、代替わりのたびに全てがリセットされる不規則性、不安定性がありました。これを脱却して、天孫降臨神話にもとづいて安定的な代替わりをおこなう、そのためには「皇祖」アマテラスの神威を常に高く保たなければなりません。これを目標としたのが、持統天皇がはじめた伊勢神宮の式年遷宮でした。

絶えず更新してゆく――。その繰り返し、積み重ねこそ日本特有の時間感覚なのかもしれません。これによって「皇祖」はその都度、あらためて生気をみなぎらせ、「皇孫」としての天皇の権威を高めるのでした。

伊勢神宮で式年遷宮がはじまった七世紀末には、天孫降臨神話によって「皇祖」アマテラスが「皇孫」としての天皇の座を根拠づけるようになりました。これにより〈皇祖―皇孫〉の

〈タテ系列〉が明確となり、あるべき皇位継承の道筋がはっきりと見えてきたのです。（「皇孫」とは狭義にはアマテラスの命令に従って地上に降った天孫ニニギを指すが、広義にはアマテラスの子孫である歴代天皇を指す）

天皇は皇祖アマテラスと〈タテ〉の系列でつながっている――、つまり皇孫であることによってのみ、天皇であり得るのでした。天孫降臨神話による皇位の正統化ですが、これは皇族と豪族のあいだに明確な一線を引き、豪族たちに臣下であることをつよく自覚させるものでもありました。

豪族たちが祭る神々と違い、それらの神々を超越する「皇祖神」を設定しなければ、天皇といっても世襲による単なる王位独占に変わりなく、正統性を欠いてしまいます。

高天原という天上の神空間が設定され、主宰するのは皇祖神。その命により地上を治めるのが子孫の天皇にほかならない――

高天原におわす皇祖神という裏付けがなければ、天皇といっても臣下と変わらなくなってしまうのですから、その効果は絶大です。

同時に皇族に対しては、兄弟間継承という〈ヨコ並び〉を排し、皇祖神と〈タテ〉につながっていることが即位の条件である、そのことを念押しするものでした。

以上の意味で天孫降臨神話の創作は皇族に対しても、豪族に対しても、絶大な政治的効果をもたらしました。これを実体化するためにアマテラスを祭る伊勢神宮があり、それが常にあたらしく、清々しくあるために式年遷宮が導入されました。

持統天皇は神話と建築を効果的にもちいて〈持統王朝〉を立ち上げたのです。

3 天皇陵から血統が見えてくる

〈持統王朝〉の空間的、時間的特性を探究してきたこの章も終わりに近づいてきました。最後に、持統天皇が直接造営に関わった天皇陵、そして即位を目前にして没した皇子の陵墓はどのようなものであったのか、これを探究しましょう。そこに持統本音の血統観や世界観を見い出すことを期して――

採り上げるのは、祖母つまり父天智の母であり、義母つまり夫天武の母であった斉明の陵、父天智の陵、夫であった天武と自身の合葬《がっそう》陵、そして愛息草壁皇子の陵墓です。

『続日本紀』によれば、斉明陵は六九九年、この時既に上皇になっていた持統によって、既存の陵から場所を移して造営し直されました。

天智陵の造営は息子大友皇子により一旦着手されたものの、間もなく壬申の乱が勃発。そのため、持統上皇によって斉明陵と同時に改めて造営されるまで、二十七年の長きにわたって放置されていました。

また草壁皇子については、『日本書紀』に六八九年の逝去記事はあっても、陵墓への言及はありません。おそらく、没後まもなく持統によって手厚く葬られたとみられます。

このような状況から、持統が最初に手掛けた陵墓は、六八八年に天武を葬った野口王墓古墳になります。持統が関わった順に見てゆきましょう。

†天武陵——中国的コスモロジーに眠る

二年半の長期に及んだ天武天皇の殯があけた六八八年、遺体は野口王墓古墳に移されました（考古学での呼称。『日本書紀』では「檜隈大内陵」）。所在地は明日香村野口字王墓。古墳の形状は五段からなる八角形で、底面で一辺が一五メートル、対辺距離が三七メートル、高さが七・七メートル（略数字、以下同じ。今尾文昭「野口王墓古墳」、**図12**）。

八角墳は古墳の終末期にあらわれた天皇陵のあたらしい形です。その端緒をなす舒明陵は段ノ塚古墳と宮内庁により治定《じじょう》されており（桜井市忍阪《おつさか》）、考古学の見解と一致する数少ない例です。三段からなる方形壇（傾斜地にあることからくる変形あり）の上に、二段からなる八角墳丘が載り、八角墳丘部の対辺距離は四二メートル、高さは一三・五メートル（木下正史「段ノ塚古墳」、**図13**）。

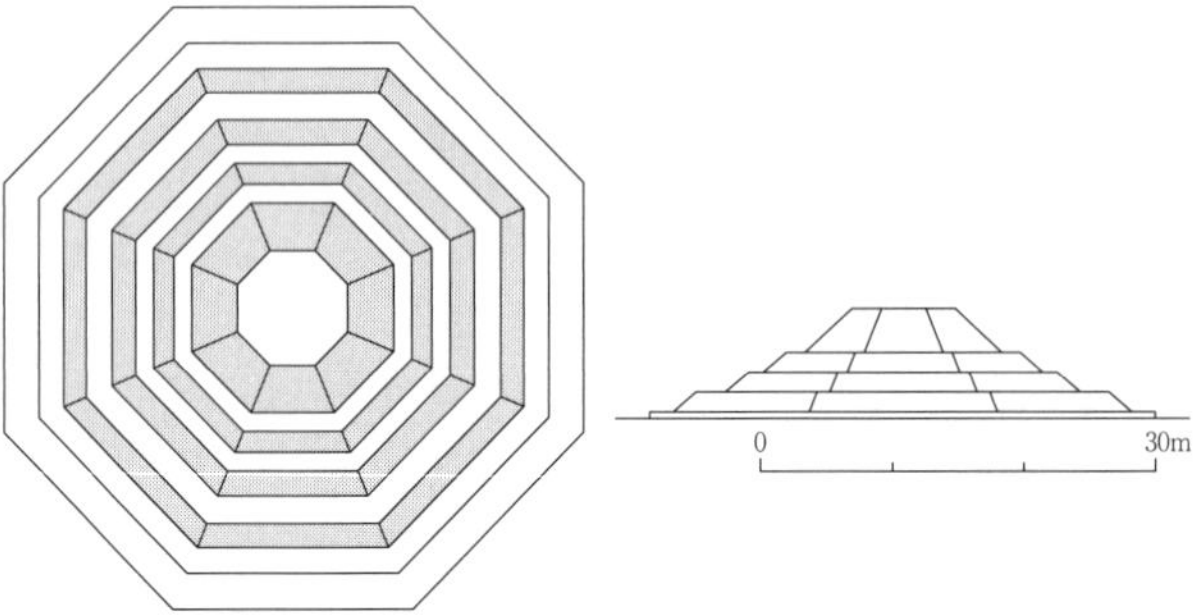

図 12　天武・持統陵復元図（木下正史編『飛鳥史跡事典』）

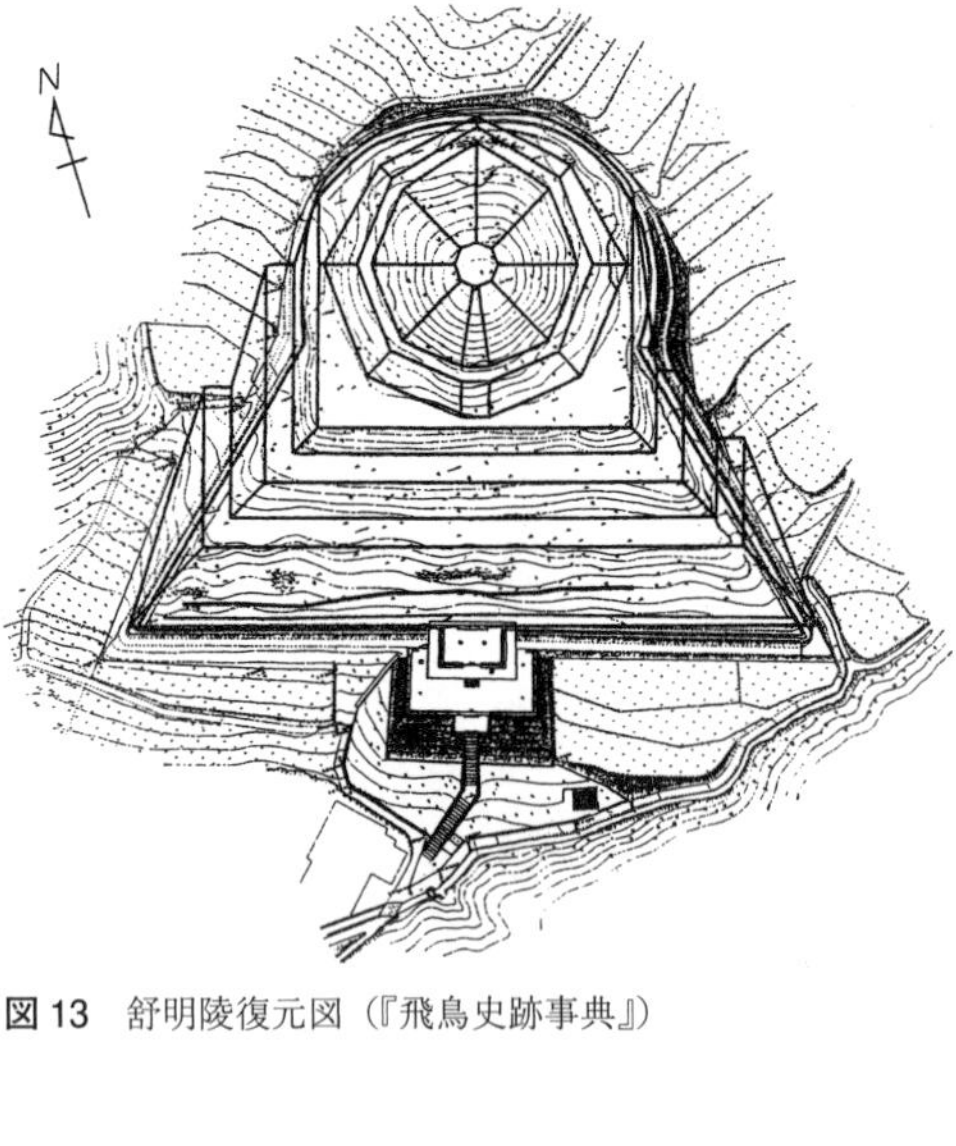

図 13　舒明陵復元図（『飛鳥史跡事典』）

舒明陵を主導したのは大后であった皇極（＝斉明）。この女性大王は道教に通じており、八角墳は世界を八角形とみなす中国思想に由来します（八卦《はっけ》、八紘一宇《はっこういちう》など）。八角墳はこの後、文武陵までつづきました（中尾山古墳。斉明の弟孝徳は正統性を欠くと見なされたのか、八角墳の系譜から除かれている）。

話は天武陵に戻りますが、これを主導したのは皇后であった持統です。天智と天武の母である皇極が創始した八角墳を尊重してこれに倣《なら》い、天皇陵のあたらしい伝統としました。それが中国思想に由来するのは、藤原京の計画と軌を一にしています。

持統天皇は伊勢神宮や藤原宮内裏に見られるような「日本」と、この八角墳天皇（大王）陵や藤原京に見られる「中国」、この二本立てで持統王朝を権威付けました。

†草壁の陵墓――持統の偏愛がうかがえる

宮内庁の治定では草壁皇子の陵墓は、奈良県高取町森にある「岡宮《おかのみや》天皇真弓丘陵」とされています。「岡宮天皇」とは、『続日本紀』に「岡宮御宇天皇《おかのみやにあめのしたしろしめしし》」とあるのによるのでしょうが、宮内庁は草壁をいまでも天皇とみているのでしょうか？

考古学では、同じ高取町ですが、三〇〇メートル離れた佐田にある束明神《つかみょうじん》古墳が正しいとされています。これは一九八四～八六年におこなわれた発掘調査の成果です（橿原考古学研究所）。

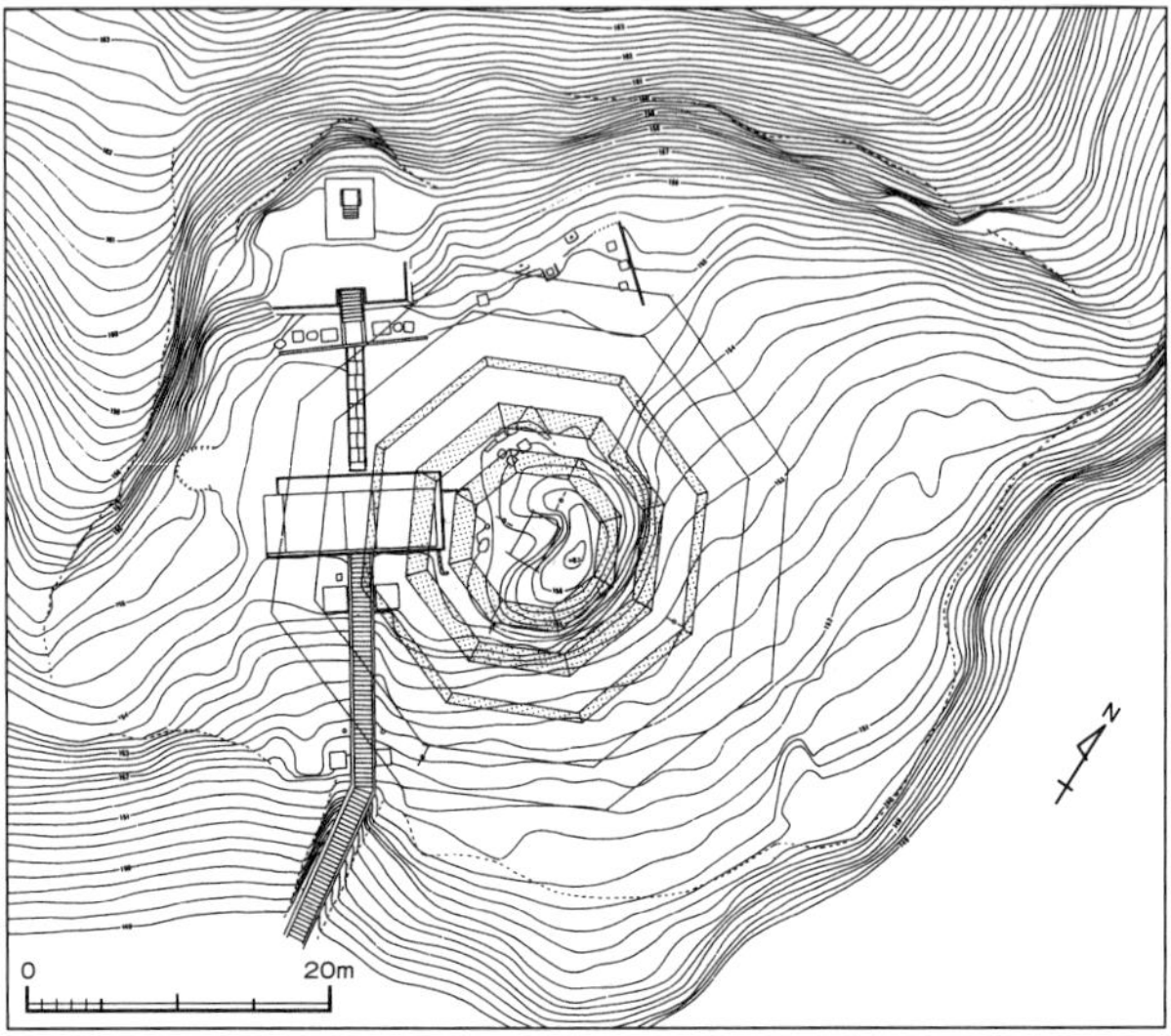

図14 草壁皇子陵墓復元図（即位していないが天皇陵に準じている。河上邦彦編著『東明神古墳の研究』）

現状、見た目は小さな円墳に過ぎません。中世に神社の境内となり、参道が古墳の南西側の裾の部分、第一段と第二段を突っ切っており、そのため古墳は原形をとどめていないのです。調査により、天武陵と同じく八角墳であったことがわかりました。さきに触れたように、終末期天皇陵に特徴的な形状です。即位を目前にしていた草壁皇子を重んじていたことがわかります。

調査者作成の復元図に当たりますと、この八角墳は五段構成をなし、底面の対角距離が四〇メートル程度。天武陵と同じ形式を採り、対辺距離三七メートルの天武陵に引けを取りません（図14、河上邦彦「束明神古墳」）。

注目されるのは遺体を納める石室です。上部はかなり破損していましたが、天井部が六〇度の勾配をなす切妻状で、いわゆる「家型」の空間をなしていました。近くの二上山から切り出された白い凝灰岩を積み上げ、これが壁と天井になります。石室の広さは二メートル×三メートルで、高さは二・五メートルと復元されました。勿論、床も石で、そこに漆喰がなんと一センチと、非常に厚く塗られていました。

この陵墓は盗掘にあっていましたが、遺物に歯牙があり、青年期後半から壮年期と鑑定されました。草壁に当てはまるデータです。また遺された細小骨片から高濃度の鉛成分が見出されました。古代にもちいられていた、鉛から作られる白色顔料の鉛白が使われたとみられます。持統が愛息の遺体をいつくしむように、鉛白で死に化粧を施したのでしょうか。

図15　斉明陵（八角形をなす縁石の一部。コーナーの角度に注目。明日香村教育委員会）

†斉明陵——持統王朝のバックボーンの起点を示す

『続日本紀』によれば、持統上皇は六九九年に斉明陵

（「越智崗上陵《おちのおかのえのみささぎ》」）と天智陵（「山科陵《やましなのみささぎ》」）の「営造」に同時に着手しました。斉明陵は宮内庁の治定と異なり、考古学では牽牛子《けんごし》塚古墳に特定されています。所在地は明日香村大字越《こし》。牽牛子とはアサガオの意。八角形であることから付いた名前です（図15）。三段構成になっており、大きさは底面で一辺が九メートル、対辺間距離が二二メートル、高さは四・五メートル。

この斉明陵は、じつは改葬されたものとみられます。最初、息子の中大兄によって岩屋山古墳（明日香村大字越小字岩屋山）に葬られましたが、これは方墳（八角墳とみる異説あり）。通説どおり方墳だったなら、夫の舒明を初めて八角墳に葬った斉明としては不本意だったことでしょう。

持統上皇は祖母かつ義母である大王斉明の心情を汲み、八角墳を造って改葬したのです。こうして持統は王朝のバックボーンを父天智にとどまらせず、祖母の斉明にまでさかのぼらせました。持統に双系的な意識が根づよくあったことが窺えます。

†天智陵――夫より父を重んじた持統上皇

天智天皇を葬った山科陵は数奇な運命をたどりました。天智と天武の兄弟を手玉に取ったことで知られる美貌の才人、額田王《ぬかたのおおきみ》の歌に、陵墓造りに取り組んでいたのに、壬申の乱が起きたせいで人びとが散り散りになったと嘆く歌があります（「大宮人は行き別れなむ」『万葉集』巻

二、一五五）。

近江朝廷（大友側）が山科に人を集めているとの情報を得た大海人（天武）が、これは自分に対する戦の準備にちがいないとみなして蜂起したと『日本書紀』にあります。造営の初期段階で壬申の乱が勃発し、その後は放置されていました。

持統上皇は、父の天智が祖父の蘇我倉山田石川麻呂を死に追いやり、その衝撃で母の遠智《おちの》娘《いらつめ》を早くに亡くしました（遠智娘は石川麻呂の娘）。のちに持統は天武と共に、父が後継指名した異母弟大友皇子に壬申の乱を仕掛け、敗れた大友は自害に追い込まれました。父に対して持統には、屈折した複雑な思いがあったでしょう。それでもやはり、放置されていた父の陵墓のことは気になっていたと思われます。しかし後継をめぐって父と激しく対立した夫天武の存命中には、天智陵の造営に着手することはできなかったのです。

六九七年に孫文武の即位が実現し、自らは上皇になって持統王朝の骨格が確立したところで、満を持して六九九年、持統は祖母斉明と父天智の陵墓の造営に、それぞれ着手したのです。

山科陵は宮内庁によって京都市山科区にある御廟野《ごびょうの》古墳と治定され、考古学からも異論はありません。二段の方形壇の上に八角形の墳丘が載る構成です。

下段は一辺七〇メートル、上段は一辺四五メートルの方形をなし、その上に八角形の墳丘が載ります。八角形の底面における対辺距離が四二メートル、高さは八メートル。方形下段の底

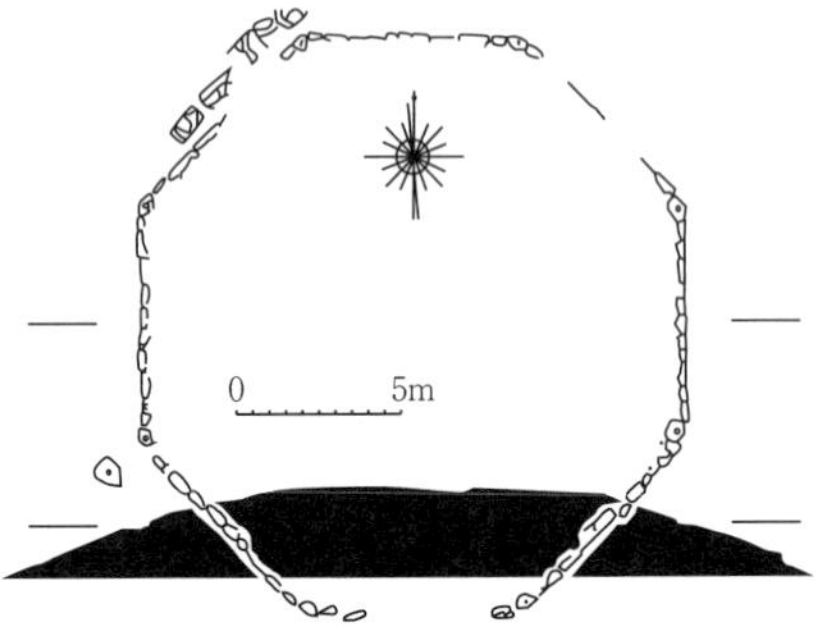

図16　天智陵頂部の遺構図（全体像でないことに注意。宮内庁書陵部『書陵部紀要第三九号』）

面からの最高高さは一二メートルになります（図16）。（八角形の墳丘頂部から一メートル下がった所に、八角形を縁取るように石列が見出された。頂部に八角堂が建っていた時期があったと伝えられており、石列の上に一メートルほど石を積んで敷地を拡げていたか。石列の対辺距離は一六・五メートル）

夫天武の陵と父天智の陵を比較しますと、ともに八角墳丘をもつ点で共通しています。その底面の対辺距離は天武陵が三七メートル、天智陵が四二メートルと、天智陵がひと回り大きいことがわかります。高さも天武陵が七・七メートル、天智陵が八メートルと天智陵がやや優っているのは、八角形底面の大小がそのまま墳丘の高低差を呼んでいるといえるでしょう。

さらに天智陵では、八角墳丘が計四メートルの高さをなす二段の方形壇上に載っているのですから、規模において天武陵を上回り壮観でした。

このように持統は、夫であった天武より父天智を重視する姿勢を打ち出しています。

もっとも、天智陵は傾斜地形の中腹に切り開かれ、水平面を確保するために壇が必要になったと考えられます。これに対し、天武陵は小高い尾根の上にあって絶好のロケーションを誇っており、陵墓の規模や壇の有無、高さだけで一概に言えないところではあります。

†持統天皇と八角墳

舒明陵から文武陵までつづいた八角墳の系譜は、皇極（斉明）がはじめたものの、中大兄が手掛けた斉明陵で途切れていました。これを改葬して八角墳を復活させ、皇室のあたらしい伝統としたのは持統上皇でした。

最初に手掛けた天武陵で八角墳を採用したのは、舒明陵からはじまる八角墳の系譜を継承するとともに、天武の武力革命を、皇統のなめらかな連続性のなかに滑り込ませるためでもあったでしょう。そして最後に、最大最高の八角墳として天智陵を完成させ、これを持統王朝のバックボーンとしたのです。

†王宮と天皇陵――王都を俯瞰する

父天智が眠る御廟野古墳、夫天武が眠る野口王墓古墳。この二つの終末期古墳と持統王朝の王宮藤原宮との位置関係を見ると、大変興味深いことがわかります。

天智陵は藤原宮の真北に、天武陵は藤原宮の真南に位置するのです。特に天智陵は藤原宮から五八キロも離れているにもかかわらず、経度が東経一三五度四八分とピタリと合っていることが主張され、大いに注目されました（藤堂かほる「天智陵の営造と律令国家の先帝意識」）。実際には西へ六七〇メートルずれていることがわかりましたが（考古学者・今尾文昭ブログ「天智陵参拝記」）、これぐらいのずれであれば、天智陵は藤原宮から北の位置にあると人びとは思っていたでしょう。

対して天武陵は藤原宮から真南の位置にあります。中国の方位観では、都城の南は墓域とされ、死者たちの蘇える場とされていました。

これにならって藤原京では天武陵にかぎらず、多くの陵墓が京の南に築かれたのです。なかでも天武陵のように真南、即ち、藤原宮の中心軸から南に伸びる軸線上にのる陵墓は、特に重んじられていたといえます。最後の八角墳となった文武陵（中尾山古墳）もこのラインの近傍にあります。一方、即位の叶わなかった草壁の陵墓（東明神古墳）は大きく外れています（前掲図8）。

方位の重要性からすると、中国思想では北が超越性をもっていました。というのは、宇宙の根源であり最高権威というべき天帝、つまり北極星は、地上世界では北になぞらえられたからです。天上の世界をイマジナリーに地上に降ろしたのです。

「天子南面す」といわれますが、それは北をバックボーンとして、天帝になり代わって天子が地上を治める、つまり天子は南に向く、という意味なのです。

南が死者たちの眠る墓域であるのに対し、北は宇宙の根源である——北という絶対の方位に位置する天智陵は、その意味合いにおいて単なる陵墓を超えました。持統王朝の真のバックボーンとしてあったわけで、そのことが藤原宮との位置関係をとおして具体的に示されていたのです。このような天智陵が完成した時、南に位置する天武陵は必然的に相対化されるのでした。

†石室内での天武と持統

持統上皇は七〇二年に没し、殯を経ずして天皇として初めて火葬にふされました。二年前に飛鳥寺（元興寺）の僧道昭《どうしょう》が我が国初の火葬に付されており、これにつづくものでした。長年の慣習であった殯から脱却したのです。

飛鳥岡から立ち昇る白い煙は、あたかも雲上の高天原に昇る女性天皇の霊魂と見えたことでしょう。自らアマテラスとしてふるまった天皇にふさわしい最後の光景でした。

翌日、夫天武の眠る野口王墓に合葬されました。それは持統主導の下に造られた陵墓。しかし、石室内での姿は夫とは全く異なるものでした。

天皇陵は現在、内部を見ることは許されていませんので、以下、鎌倉時代に起きた盗掘事件を契機になされた実見の記録から復元します（『阿不幾乃山陵記《あふきのさんりようき》』）。

——天武の遺体は、長さが二・一メートル、幅と深さが共に七六センチの、幾重もの布を漆で塗り固めて作ったお棺に横たわっている。その蓋は木製。お棺の手前に、金メッキの施された銅製の桶《おけ》が置かれている。その中に銀の筥《はこ》があり、持統の遺骨はそこに納められている。

身体を火炎にゆだねるとは僧侶以外にはなかった時代でした。生と死の境界もまだ明確でなかったのです。この決断は大変な勇気と潔さを要しました。このこと一つを取っても、進取の気性に富んだ、開明的で決断力のある天皇であったことがわかります。

あたらしい、あるべき葬送のかたちを、この女性天皇は身を以て示しました。夫婦であったことを重んじながらも、つよい意思でおのれを貫いた女性天皇の見事な最期といえましょう。

天皇を火葬にふすことは、この後、文武―元明―元正と、持統を含めて四代つづきました。葬送のかたちから見ると、持統王朝は実質的にこの四代であったといえます。聖武以降は土葬に戻り、天皇の火葬が復活するのは平安時代半ばまで待たねばなりませんでした。

その後も変遷があり、江戸時代から昭和天皇まで土葬がつづきました。平成天皇については火葬でおこなわれることが決まっています。

4 〈持統王朝〉の空間的・時間的特性

†〝絶対不変〟と〝生命的な若さ〟が共存する

ここまで〈持統王朝〉の空間と時間を見てきました。あきらかになったのは、

（1）藤原京や藤原宮大極殿、そして八角墳の天皇陵、王宮と天皇陵の位置関係に見られる大胆な「中国」志向

（2）伊勢神宮の建築と式年遷宮、大嘗宮、そして藤原宮内裏に見られる徹底した「日本」志向

という、相反する二つの顕著な方向性です。

圧倒的な文明国であった中国に目を凝らし、採り入れるべきものを大胆に選んでいたことがわかります（1）。

しかしそこに、無いものねだりの一方的な大陸文明願望はありませんでした。そのことは、我が国に根づいていた伝統をしっかり守るという誇り高き姿勢からもわかります。建て替えを前向きにとらえ、そこに蘇生・更新の意味を見い出しました（2）。

偏狭な自国主義に陥るでもなく、また、一方的な大陸文明のお追従に走るでもない、いわば「日本」と「中国」の二本立てで〈持統王朝〉の空間と時間は成り立っていました。そこに見られるのは、融合というよりは共存でした。〝絶対不変〟と〝生命的な若さ〟が共存していたのです。

（但し文明史的にいうと、この「中国」は中国北部にルーツがあり、「日本」は中国江南や東南アジアにルーツをもっていた）

†律令国家「日本」の特性

「日本」と「中国」の二本立ては空間、時間についてだけでなく、律令国家「日本」についてもいえます。律令そのものは中国文明の産物であり、文明化を図るため、我が国は進んでこれを摂取しました。その成果が大宝律令でした。

しかし世襲を前提とする天皇制を国家の基本としたのは「日本」特有です。大宝律令に書き込まれた「太政天皇（上皇）」や「女帝（女性天皇）」を認める天皇制のありかたには、「日本」

社会の特色が鮮やかにあらわれています。この点については賛否両論があると思われますが、中国に呑み込まれまいとする姿勢があったことは確かです。

これらを定めたのは、まさに〈持統王朝〉だったのです。

幕間

世襲王権はいつから、そしてどのように？

ここまで、〈持統王朝〉が成立する過程を具体的に見てきました。

しかし、それ以前のことになりますが、そもそも世襲によって代替わりのなされる王権はいつからはじまり、そしてどのようにつづいてきたのでしょうか？

「男系継承の起源」をタイトルに掲げる本書は、この問題を避けるわけにはいきません。

プロローグでも触れましたが、「初代神武以来、ずっと男系継承がつづいてきた」とのフレーズがメディアで繰りかえしながされています。何度も聞かされると、なんとなくそういうものかと、いつしか疑問に思わなくなってしまいかねない現状があります。読者諸氏の多くは、男系継承は持統王朝以前に既に確立していたと思っておられるのではないでしょうか。

必ずしもそうではない、持統王朝以前に男系継承が盤石に固められていたわけではないことを述べる必要があると感じ、小著ゆえ十分なスペースは取れませんが、ここに「幕間」を設け、本書を理解していただくのに最小限、必要な点を押さえておこうと思います。

†縄文時代に中央集権勢力？

現代の皇室の後継問題に関連して「初代神武以来、女性天皇はいたが、女系天皇は一人の例外もなくいなかった」という話が罷り通っています。初代神武から男系継承がずっと続いてきたというわけです。『日本書紀』にそう書いてあるというのですが、そこには編纂者の政治的意図により大幅に脚色された可能性があります。

『日本書紀』によれば、紀元前六六〇年に即位し、百二十七歳で崩御したことになる初代「神武天皇」。紀元前六六〇年というと縄文時代晩期であり、区分法によっては弥生時代初め。列島といわず畿内だけを見ても、その時代に一つの中央集権勢力によって社会が統一されたとは非常に考えにくく、また「神武」の長寿ぶりもリアリティがありません。

すこしでも学問的常識をはたらかせるなら、神武が実在していたとはにわかに信じられることではなく、まずあり得ないと考えざるを得ません。皇祖アマテラスの孫ニニギの曾孫という、神話的でフィクショナルな存在である神武を、男系／女系という現実の血統の問題に引き込み、つなげるのは無理があります。

もっとも、アマテラスも神話的存在であることに変わりはありません。しかし持統天皇という実在の人物をモデルとしていた、つまり半ば実在であった点で、実態のさだかではない神武とは全く異なります。

†神武と崇神、二人の初代

戦後の歴史学では、『日本書紀』が第十代とする崇神《すじん》を実質初代の王とみなし、時期は三世紀後半としています（直木孝次郎「文献から見た日本国家の形成」ほか）。もっとも崇神についても『日本書紀』は享年を百二十としており、依然として神話色を帯びてはいるのですが——崇神の即位は弥生時代が終わり、古墳時代がはじまるころです。第一章視点2で述べたように、この段階で王権は中央集権というよりは、個々の地域を支配する豪族たちが連合をなし、王（大王）は豪族たちに推された盟主の立場にありました。

それでは、なぜ実質初代の王が崇神といえるのでしょうか？

この王を『日本書紀』が「御肇国天皇《はつくにしらす》」と呼んでいるのが手掛かりになります。「はつくにしらす」とは「肇《はじめ》て国を治める」という意味。従って崇神は初代の王ということになります。しかし『日本書紀』は初代神武も「始馭天下之天皇《はつくにしらす》」と呼んでおり、「はつくにしらす」天皇が二名いたことになります（吉村武彦「歴史学から見た古墳時代」）。

名目上の初代神武、実質初代の崇神ということでしょうか。

意識的にか、無意識的にか——おそらく前者でしょう——、『日本書紀』は謎解きのカギをそっと忍び込ませていたのです。海外、特に中国と同等とはいえないまでも、そう引けを取らない（?）悠久の歴史を誇るとともに――それ故、王たちはなみはずれて長寿化してしまうわけですが――、事実は事実として書き残しておこうとしたのでしょう。このカギを使うと、

〈崇神＝初代＝神武〉

となります。崇神と神武は同一人物とみてよいのではないか。

即ち、「第十代崇神」をモデルにしてつくられたのが「初代神武」とみるのです。そうなると神武も半ば実在といえるかもしれず、『日本書紀』は崇神の事績を一部、神武に分けて書いたところがあるのかもしれません。神武を崇神に引き寄せればいいことになりますが、だからといって、『日本書紀』が伝える神武の華々しい事績がみな事実になるわけではありません。

こう考えますと、神武と崇神の間に連なる二〜九代は事績を欠いた、歴史学にいう「欠史八代」となり、初代が〈崇神＝神武〉であることと符合します。

†女王の存在感

前項で述べたように、歴史学では崇神の年代を三世紀後半とみるのが一般的です。国民の関心を集めつづける、第一章視点1で触れた女王卑弥呼は、この初代大王とどういう関係になるのでしょうか。卑弥呼の没年は二四〇年代後半とされていますので、時期的には初代崇神につ

ながります。丁度その切り替えポイントに、最初の大規模前方後円墳、箸墓《はしはか》古墳があり、一説に卑弥呼の墓ともいわれます。

その推移が連続的だったのか、あるいは抗争の結果だったのかが大きな論点になります。現在のところ議論が分かれていますが、私見を述べておきます。

『日本書紀』で崇神の前史が「欠史八代」となっていて、邪馬台国やそして女王卑弥呼に直接触れないこと。そして、大和の地方神と大王が奉ずる神との折り合いが悪いこと。さらには大王が三輪山の蛇神におびえる話が出てくることなどから、不連続だったのでは、と著者はみています。

我が国が初代神武以来、「万世一系」であったといいたい『日本書紀』は、女性／女系のトップを許容する双系社会の記述を避けたのではないか。それで卑弥呼や台与に直接触れないのかもしれません。

その卑弥呼に関連して注目される存在に、「仲哀《ちゅうあい》天皇」の大后であった「神功《じんぐう》皇后」がいます。『日本書紀』が異例なことに、大王並みに一巻（巻第九）を当てているこの「皇后」については説話的内容も多く、どこまでが事実なのか、疑問符が付いてまわります。しかし夫仲哀の没後、「皇太后」になった年を『日本書紀』が「摂政元年《まつりごとふさねをさめたまふはじめのとし》」と書き、「神功皇后」を、即位はしなかったけれど実質大王として、ふるまったと伝えている点が注目されます。

かねてより「神功皇后」には卑弥呼のイメージが重ねられてきました。それは、母が「摂政」で息子の応神《おうじん》が「皇太子」という関係が、女王卑弥呼と行政をあずかった男弟との関係になぞらえられたのでしょう。

さらに、女性大王ではなかったかとされる存在に、飯豊《いいとよ》女王がいます（飯豊王、飯豊青《あお》皇女）。『日本書紀』によれば五世紀末、「清寧《せいねい》天皇」と「顕宗《けんぞう》天皇」の間を埋める存在でした。『古事記』も『日本書紀』も、飯豊女王を「角刺《つのさし》宮に坐す」とし、『日本書紀』には「（清寧）天皇の姉飯豊青皇女、忍海《おしぬみ》角刺宮に臨朝秉政《みかどまつりごと》したまふ」とまで書かれています。これを受けてか、平安時代の『扶桑《ふそう》略記』や室町時代の『本朝好胤紹運録《ほんちょうこういんじょううんろく》』が「飯豊天皇」としているほどです。

ことば足らずながら以上に紹介した時代は、「男系」で固められていたとみられがちです。確かに支配層においては男系化が進行していました。

しかし「万世一系」を打ち出したい『日本書紀』においてさえ、じつはあちらこちらで女性大王の息吹がなおあったことをうかがわせています。支配層にあってもなお双系の慣習が残っていたことを物語るとみていいのではないでしょうか。

†王統はいつから？

さて、崇神が初代の王だとしても、そこから「万世一系」がはじまったわけではありません。

第一章視点2で触れましたように歴代遷宮の時代、即ち古墳時代および飛鳥時代の大半では、王宮の所在地が転々と移っていました。それも大和と難波の、かなり広範囲にわたって――また王権を象徴する巨大な前方後円古墳の分布も同様でした。政治状況などにより、時に外国使節の目を意識するなどして、王宮と古墳は近い場合もあれば、遠く離れる場合もありました（前掲図1、図2）。

こうしたことから見ても、一つの王統が世襲によってずっと保たれていたとは考えにくいのではないでしょうか。当時においては血統のみならず、カリスマ性、リーダーシップ、政治的・軍事的能力、人格、経験、年齢など多様な要素が重んじられていたとみられます。あるいは談合による持ち回りも多かったのではないでしょうか。

『日本書紀』における初期「天皇」の記述には、編纂者が構想する〝あるべき〟王位継承のかたちを、強引にもわが国の始原にさかのぼらせて書いている可能性があります。

ズバリ言いますと、今日の歴史学の定説では、王統譜をさかのぼることができるのは六世紀まで、とされています。逆にいうと、王統譜のはじまりは六世紀の大王継体と息子の欽明からといえます。

継体について『日本書紀』は大王応神の五世孫としていますが、そうなると百年くらいはなれることになり、事実なのか疑問もわいてきます。当時は王族と豪族の区別がそれほどはっきりしていなかったと考えられますが、七〇一年に完成した大宝律令では皇親（皇族）は四世までと規定されました。七二〇年に完成した『日本書紀』編纂者の目に、継体は皇族とは映っていなかったのではないでしょうか。

継体は磐余玉穂宮で、前々大王の娘手《た》白香《しらか》（髪）王女を大后に立て、欽明を生みます。応神とはかなりの遠縁ですので、欽明はむしろ女系でつながったともいわれます（婿入り婚）。しかし継体より前の大王たちが一系でつながってきたといえないなら、あまり意味をなさない話ではあります。

欽明は異母兄の娘を妻として王族内に近親婚を導入し、王統の収束を図ります。同時に、最有力豪族の蘇我氏の娘にまで婚姻関係の幅をひろげました。王の代替わりをめぐり、既成の守旧勢力物部氏を破った新興蘇我氏のちからを無視することはできず、むしろこれとの融和、安定を図ったのでしょう。

即ち、このころから、王族か蘇我系を母とする王統が形成され、それまで途切れ途切れに複数あった諸王の系譜が一系化し、世襲でつながってゆきます（篠川賢『継体天皇』、大平聡「世襲王権の成立」ほか）。『日本書紀』は大王欽明を「天国排広庭《あめくにおしはらきひろには》天皇」と呼びますが、父継体が開いた「天国」を押し拡げて「広い庭」、即ち我が国土とした、と読むことができます。

ということは、それ以前において唯一つの王統がつづいていた、とは認めがたいのです。戦後史学で一時期、王朝交替論が注目されましたが、それは一系でつづいてきた王朝が交替したとみる点で限界がありました。つまり、まだ〝一系〟の発想にとらわれていたわけです。

太古の昔から王統が一系でつづいてきたと信じるのは現代の神話にほかなりません。六世紀に至るまでつづいた一つの王統といえる王統はなく、その形成は六世紀から――。これが現代の歴史学の到達点です。

目の前に存在する皇室の後継問題を語るに際し、虚構性にとむ「神武以来」という標語はいったん棚上げにする必要があるでしょう。現実の問題を離れて、国家ロマンに浸ろうというなら別ですが――

つぎに、王権が世襲により維持されるようになった六世紀から持統王朝に至るまで、いわば〈持統王朝〉直近の前史を概観しておきましょう。持統王朝の何たるかを知るうえで有益なはずです。

大王継体からはじまり息子の欽明が拡充した王統の系譜は、当然のように男系継承でつづいてきたと括られることが多いのですが、はたして実態はどうだったのでしょうか?

†女性大王推古の場合——継体以後、持統以前（その一）

まず注目したいのは『日本書紀』が初の女性「天皇」（大王）と伝える推古の場合です。大王推古、即ち額田《ぬかた》部《べ》王（豊御《とよみ》饌炊屋《けかしきや》媛《ひめ》）の父は大王欽明、母は蘇我堅塩《きたし》媛《ひめ》。この夫婦は七男六女を儲けており、額田部は上から四番目。上に兄が二人、姉が一人いました。

欽明は前大王宣化《せんか》の娘石姫《いしひめ》を大后とし、さらに五名のキサキをめとりました。堅塩媛はそのなかの一人ですが、同じく蘇我の娘で妹の小姉君《おあねのきみ》もキサキとなりました。

ちなみに石姫は二男一女、小姉君は四男一女を産んでおり、他のキサキの子を含めますと、欽明はなんと二十五名の子女を儲けていました。そのなかで男子は十六名（義江明子『推古天皇』）。そのうち小姉君が産んだ二名は政争で落命しました。

『日本書紀』が初の女性大王とする推古。第一章視点2で触れましたように、著者は同意しないものの、初の天皇であったとの説もあり、その存在感には大なるものがあります。

欽明のあと、息子たちによって〈敏達—用明—崇峻〉と兄弟間継承がつづいていました。用明は病で、崇峻は政争で早逝。敏達の大后であった額田部王が即位したのは（推古）、他に適当な男子がいなかったからと、もっぱら消去法で説明されてきました。

欽明が遺した男子が十四名もいて——政争で落命した二名のほか、早逝した男子もいたでしょうから、最大で十四名としておきましょう——、適当な男子がいなかったとは、にわかに信じられる話ではありません。他に男子の候補が多数いたが、額田部王は大王にもっともふさわしい人物として推挙されたのではなかったか。

推古は大王欽明を父にもつ男系の女性大王。その選定に当たって男性が優先されましたが必ずしもそれは絶対的ではなかったこと、性別や年齢にくわえて資質、経験、性格などが加味されて、いわば総合評価、実力で即位したことを知っておきたいと思います。

即位した時、推古は三十九歳。当時、大王の即位年齢は四十歳前後が暗黙のルールといわれ、この点でもふさわしかったといえます。七十五歳で没するまで、あの蘇我馬子が権勢をふるうなかで、じつに三十六年にわたって王権の安定化に努めました。甥の厩戸王子（聖徳太子）とのツートップ体制は、第一章視点1で触れた「ヒメ—ヒコ制」のなごりともいえるでしょう。

譲位の制度がなかったため、在位期間は異様に長くなりましたが、この間、この女性大王の治世に誤りの少なかったことを証するものでもあります。次期大王の決定は豪族間の協議に委ねられるのが習いでしたが、混乱をおそれたのでしょう、推古は臨終の床で、間接的ながら後継指名までして逝くのでした。それは実績を積んだ大王にして初めておこなえたといえます。

なお古代につくられた聖徳太子伝『上宮聖徳法王帝説《じょうぐうしょうとくほうおうていせつ》』は、〈欽明—敏達—用明（聖徳太子の父）—崇峻—推古〉の歴代大王を指して「右五天皇、他人を雑《まじ》えること無く治《し》らすなり」

と評しています（東野治之校注『上宮聖徳法王帝説』、読みは義江明子「女帝と女性天皇」による）。「他人を雑えること無く」とは、血統的に一系であったことを述べているわけですが、わざわざ特記していることから、これが極めて珍しく、画期的だったことがわかります。

†女性大王皇極・斉明の場合——継体以後、持統以前（その二）

つぎに注目されるのは、変則的ながら初めて譲位をおこない、また、これも初めて二度も王位に就いた女性大王の皇極・斉明です。大王敏達の曾孫に当たります。

のちの天智天皇、中大兄王子二十歳が藤原不比等の父鎌足と組んで起こした乙巳の変（大化改新）。その舞台は飛鳥蓋葺宮《いたぶき》でした。権勢を誇る蘇我入鹿《いるか》を討った大事件でしたが、時の大王は皇極。宮中テロの実行者、中大兄の母でした。皇極は、推古が間接的ながら遺言で後継指名した田村王子（大王舒明）の大后でしたが、舒明逝去を受けて即位していました。父逝去の時、中大兄王子は十六歳と若く、当時の慣行では年齢的に即位は無理でした。

乙巳の変の混乱のさなか、皇極は実弟の孝徳に譲位し、自身は「皇祖母尊《すめみおやのみこと》」の称号を受けたと『日本書紀』にあります。ただ当時は、天皇、皇后、皇太子など、皇の字をもちいることはまだおこなわれておらず、疑問が残ります。大王孝徳が開いた難波宮からは「王母」と書かれた木簡が出土しており、こちらが実情を反映しているとみていいでしょう。

難波に遷都して僅か一年後、中大兄が飛鳥に戻ることを建議。耳を疑いたくなるような提案を孝徳は当然拒否。すると「王母」以下、孝徳の大后で中大兄の妹間人《はしひと》、兄弟の大海人など主要メンバーが一斉に飛鳥に退去してしまいます。ちからを失った孝徳は翌年、寂しく没するのでした。

飛鳥に帰還した「王母」は、大王斉明として再び即位（「重祚《ちょうそ》」）。「譲位」も「重祚」も史上初めてのことであり、この女性大王の大物ぶりをうかがわせます。この時、中大兄二十八歳。大王の年齢基準は三十歳前後に下がってきており、十分即位の可能性があったはず。それでも息子ではなく、六十二歳の母が再び即位したのです。このような〈母―息子〉のツートップ体制の形は、古来の「ヒメ―ヒコ制」の延長線上にあるといえ、それなりに安定していたのかもしれません。

それにしても、なぜこの時、中大兄は即位しなかったのか？

これには従来、さまざまな見解がありました。乙巳の変で血に塗《まみ》れた、つまり穢《けが》れたから即位がむずかしかった。王位に就かないほうが自由に動けた。朝鮮半島における軍事的緊張がつづき即位式を挙げるいとまがなかった。当時、女性天皇（大王）の子は即位できなかった等々。あくまで中大兄側に立って理由が挙げられてきました。

これに対し著者が考えるのは、斉明の意思です。これまで斉明側に立った論はあまりなかったようです。自分がこの国を治めるのだという、女性大王斉明のつよい意思――

斉明は強烈な個性をもつ異能のひとでした。

例えば、王宮の屋根を当時一般的だった萱葺きではなく板葺きにしました（飛鳥蓋葺宮）。このあたり、〝あたらし物好き〟をうかがわせて、かなり個性的です。雨乞い儀礼においては、重臣蘇我蝦夷《えみし》が大した成果を得られなかったのを尻目に、皇極は見事に成功させました。正統な大王（天皇）を葬る八角墳を創始したのもこの女性大王。つよい思想信念の持ち主で実行力のある女性だったことを思わせます。

また、飛鳥を水と石の都に仕立て上げるという大構想、大工事を、轟々《ごうごう》たる非難を押し切って挙行したのもこの女性大王でした。それは、斉明のおこなった大工事を当時のひとが「狂心《たぶれこころ》」の仕業と非難したと『日本書紀』が伝えているほどです（当時のひとの声を借りて『日本書紀』の編纂者は、この女性大王をシニカルに扱い非難している）。一度決めたら絶対に引かない、その一徹な普請魂というか建設意欲はなまなかなものではありません。

そして最晩年。六十八歳という高齢を押して中大兄、大海人を率いて唐、新羅との決戦に臨むも筑紫にて命が尽きました。闘魂燃えさかるなかでの無念の死でした。

反対や非難をものともせず、大工事と大遠征を敢行した女性大王。これほど個性的でエネルギッシュな大王は、男女の差を超えて非常に珍しいといえます。斉明の、飽くことを知らぬ政治意欲――。大海人（天武）、中大兄（天智）の兄弟は母である大王を退けることなどできなかったのです。

また、以上とは別に、大海人、中大兄の兄弟を抱え、後継がどちらに決まっても問題が噴出する恐れがありました。これを押さえるためにも、斉明の即位には意味があったのかもしれません。

†兄弟関係をめぐる疑問

ここで大海人、中大兄の兄弟関係に触れておきましょう。『日本書紀』は、彼らの母である皇極は舒明とは再婚であり、既に子（「漢《あや》皇子」）をなしていたと書くものの、「漢皇子」のその後については全く言及がありません。そして唐突に中大兄を兄、大海人を弟としているのです。

これを疑問とし、著者は大海人を皇極の連れ子とみています（漢皇子＝大海人）。この場合、いうまでもなく天武が兄、天智が弟になります。

天武は「帝紀《すめらみことのふみ》」を糺《ただ》すために『日本書紀』の編纂を命じましたが、当の天武の年齢が『日本書紀』では不明なのが不審です。中世文献『一代要記《ようき》』『本朝好胤紹運録』によれば、天武は天智より四歳上になっており、〝連れ子〟説に整合します。

皇極の前夫は高向王《たかむく》で、大王用明の孫。天武は父方で用明の曾孫、母方で皇極の子。双系で大王の血を引いていますが、血の濃度からいって母方が圧倒的に優るのですから、天武はじつは女系の男性天皇とみることができます。

以上のように、ずっと男系でつづいてきたとみられがちな時代にあっても、じつは女性／女系大王（天皇）の存在感には大なるものが認められます。『日本書紀』が「男系」の衣をまとわせても、隠しきれないほころびが生じてしまったのかもしれません。「男系」のフィルターを外すなら、あらたなことが見えてきます。

繰りかえしになりますが、必ずしも男系一色に塗り込められていたわけではないのです。

第四章

平城京遷都は「男系」継承への道

藤原不比等(菊池容斎・画)

天孫降臨神話が段階的に醸成され、時を同じくして〈持統王朝〉が樹立されたことを見てきました。そこからわかったのは、王朝の始祖である持統天皇の血脈こそキモであり、特段、男系／女系を問うものではなかったことでした。〈持統王朝〉は双系の王朝であり、それは列島社会に広く深く根づいていた慣習につながるものでした。

持統は王朝永続のために〈皇太子―天皇―上皇〉のレールを敷き、自ら初めてその上を歩みました。そして異能の臣下、藤原不比等に〈持統王朝〉の今後を託し、後顧の憂いなく――そのはずでした――、壮絶な五十八年の生涯を閉じるのでした。

藤原不比等は〈持統王朝〉に多大な貢献をし、余人を以て代えがたい存在感を発揮しました。しかし持統が没するや一転、大きく舵を切ります。その遺志に沿っているように見せながら、その実、〈持統王朝〉の切り崩しにかかります。〈持統王朝〉の都藤原京を棄てて、藤原氏の都平城京への遷都を急ぎ断行するのも、この文脈で理解できます。

平城京の設計に際して不比等は建築家、都市計画家としての才能を遺憾なく発揮します。平城京を藤原氏のための都に造り上げ、そのなかに天皇を据えるのでした。

自分の孫を皇太子にするために、不比等は策を凝らします。平城宮内の東宮《とうぐう》（皇太子の宮）と孫が育つ宮外の自邸を、大路をはさんで向かい合わせになるよう配置するのです。不比等邸で育つ孫がやがて東宮入りするのは自明であるかのように、だれの目にもわかる形で示すのでした。

これを皮切りに、平城京づくりのなかに自己の野望実現の具体策をぬかりなく織り込んでゆくのでした。一例を挙げれば、平城京の整然とした長方形の輪郭を突き破って、北東の高台の一等地に外京《げきょう》と呼ばれる区域を造成します。そこに藤原氏の氏寺《うじでら》興福寺を建立し、そこから天皇の居所である平城宮の内裏、そして平城京を見下ろすのでした。

そうしたことをとおして平城京は、藤原氏の、藤原氏による、藤原氏のための都となるのでした。その結果、あろうことか、平城京で天皇は藤原氏に囲い込まれてしまいます。空間的にも血脈的にも——。それをこれから見てゆきましょう。

1　藤原不比等の企て

†遅咲きだった持統のブレーン

第二章で述べたように持統即位の前年、六八九年に草壁皇子が没しました。『日本書紀』によれば、その一カ月半前に藤原不比等は三十一歳で官位を得ています（「判事」）。不比等が文献に登場するのはこれが最初です。

三十一歳で初の官位とは当時にあって大変遅い印象ですが——一般には二十一歳——、天智天皇の最側近であった父鎌足の子であることから、天武在世中は壬申の乱の後遺症もあり、朝廷の中枢から遠ざけられていたのでしょう（上田正昭『藤原不比等』）。

不比等の朝廷への出仕は慣例どおり二十一歳、六七八年ともいわれ、若いうちから草壁皇子と信頼関係にあったとの説もあります（上山春平『埋もれた巨像』）。しかしこれは草壁と不比等のあいだに護身用の太刀の受け渡しがあったとする国家珍宝帳にもとづくもの。後述しますが、その信憑性に問題があります。

本書は、不比等が天智の娘鸕野《うの》皇后（持統）に重用されるのは、天武が没した六八六年以降とみます。持統の母は蘇我倉山田石川麻呂の娘遠智娘《おちのいらつめ》。不比等初婚の妻は石川麻呂の弟の娘娼子《しょうし》。母系（女系）で蘇我氏つながりであったことも、持統に親近感を抱かせたかもしれません。

（乙巳の変で蘇我本流は亡んだが、傍流は名族として朝廷内に地位を築いていた）

既に見たように、柿本人麻呂が草壁葬儀の場で謳い上げた挽歌には「天の河原」と「天照日女《あまてらすひるめ》の命《みこと》」が出現し、早くも天孫降臨神話の原型イメージが打ち出されていました。この神話のコンセプトは不比等によると著者は考えています。

というのも、この神話は最終的に『古事記』、『日本書紀』に記載されますが（七一二年、七二〇年）、そこでは第二章で見たように、地上に降臨する天孫ニニギの側近としてアメノコヤネノミコト（天児屋根命）が活躍しています。この神は、じつは藤原氏の祖先神で春日大社に祭られています。また思慮深い知恵の神としてオモイカネノカミ（思金神）も登場しますが、これなどはズバリ不比等その人を想わせます。こんなことからも、不比等は天孫降臨の神話づくりを終始コントロールしていたとみられるのです。

†不比等の娘が内裏に入る

念願叶って六九七年、持統の孫の珂瑠《かる》皇太子が十五歳で即位すると（文武天皇、持統上皇）、その年に不比等は娘の宮子を夫人《ぶにん》として入内《じゅだい》させます（『続日本紀』）。

入内とは女性が正式に内裏に入る、即ち天皇のキサキになること。七〇一年に制定される大宝律令によれば、キサキには〈皇后―妃―夫人《ぶにん》―嬪《ひん》〉の四段階があります。皇族であれば皇后か妃、そうでなければ夫人か嬪に格付けされるのでした。

しかしこれは律令制定後のことであり、宮子入内の際にはキサキの四段階は成立していませんので、『続日本紀』がこの時の宮子を夫人とするのには無理があります。これまでの慣習どおり一括りにキサキであったとみられます（遠藤みどり「令制キサキ制度の基礎的研究」）。

宮子が入内したこの時点で既に、不比等が持統の大きな信頼を得ているのはあきらかです。天孫降臨の神話づくりや当時進めていた大宝律令の策定作業などが評価されてのことでしょう。持統のためにあらん限り能力を発揮して評価を高め、朝廷内で発言権を増してゆくのが不比等当面の戦略でした。しかし同時に、皇族でない臣下の不比等には、これにとどまらない別の思惑がありました。

†畏れを知らぬ〝血の累乗化〟

七〇一年、藤原不比等の娘宮子が文武の子を産みました（首《おびと》親王、のちの聖武天皇）。奇しくもこの年に、不比等後妻の県犬養三千代《あがたのいぬかいみちよ》が光明子《こうみょうし》を産みます。同年生まれの首と光明子。二人は共に不比等邸で育てられました。首は不比等の孫、光明子は不比等の娘（実名は安宿媛《あすかべひめ》。便宜上、光明子で通す）。

（1）首と光明子を結婚させる
（2）首を天皇に（聖武）、光明子を皇后にする（光明皇后）
（3）ふたりに生まれた子（阿倍《あべ》内親王＝孝謙天皇、基《もとい》皇太子）を天皇にするこれが不比等の抱いた、畏れを知らぬ野望でした。文武天皇の許に送り込んだ娘の宮子が首親王を産んだことから不比等の対天皇家戦略の具現化がはじまるのでした。つづいて不比等は、立太子を済ませた首親王の許に娘の光明子を送り込みます。そこに子が生まれれば――

こうして天皇家は藤原氏の血に搦め取られ、藤原氏は天皇家のいわば母胎となってゆきます。現代ではとても考えられないことですが、孫の首の許に娘の光明子を入内させれば当然、夫にも妻にも不比等の血がながれ込みます。生まれる子には必然的に、父母双方から不比等の血がながれ込みます。

生まれた子（願わくは男子＝基王）から双系的に見ますと、不比等は父方では曾祖父（不比等―宮子―聖武―基王）、母方で祖父（不比等―光明子―基王）。父方にも母方にも藤原不比等がいるのは現代の我々から見て、全く信じがたい、常軌を逸した系譜といわねばなりません。この系譜は勿論、基王の姉阿倍内親王にもそのまま当てはまります（系図）。

じつは持統の孫の文武の場合も、父方と母方の双方に天智の血がながれていました。文武にとって、天智が父方で曾祖父、母方で祖父でした。意図したというより結果的にそうなった面がありますが、天智が要の位置を占めています。しかし、臣下の不比等が天智のお株を奪うかのように、天皇系図の要を占めようというのは、当時においてもあり得ないことでした。

基王（のちの皇太子）やその姉の阿倍内親王（のちの孝謙天皇）において藤原氏の血の濃度は

系図

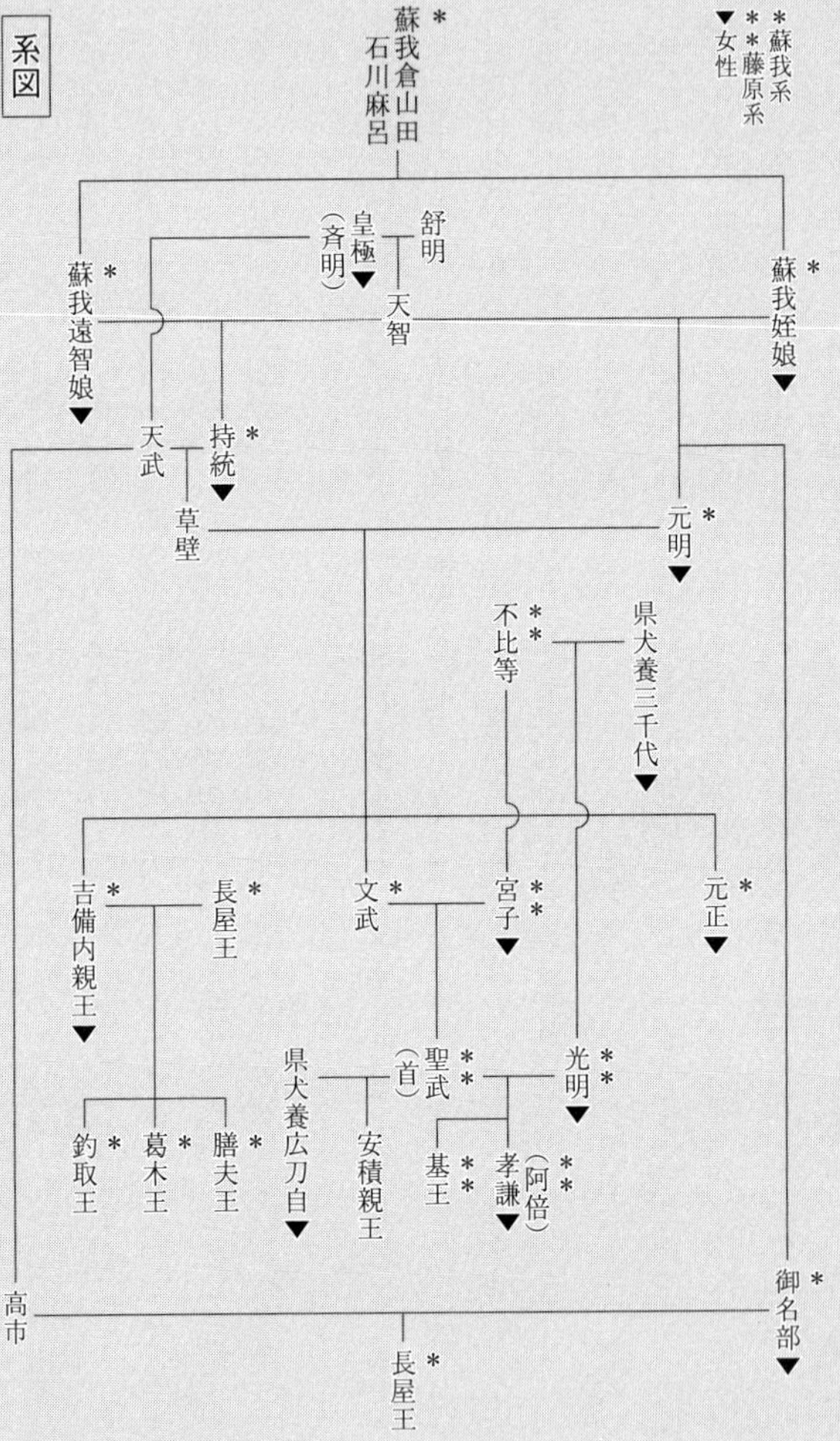
＊蘇我系
＊＊藤原系
▼女性
＊蘇我倉山田石川麻呂
舒明
皇極▼（斉明）
天智
＊蘇我姪娘▼
＊蘇我遠智娘▼
天武
＊持統▼
草壁
＊元明▼
＊＊不比等
県犬養三千代▼
＊吉備内親王▼
＊長屋王
＊文武
＊＊宮子▼
＊元正▼
県犬養広刀自▼
安積親王
＊＊聖武（首）
＊＊光明▼
＊釣取王
＊葛木王
＊膳夫王
＊＊基王
＊＊孝謙（阿倍）▼
高市
＊御名部▼
＊長屋王

四分の三にもなり、天皇家を遥かに上回るのです。孫を天皇に押し上げる、それが不比等の抱く野望でした。天皇の身体を藤原の血で染め上げ、搦《から》め取るのです。藤原氏による血の収奪といえましょう。

古代では近親婚が珍しくないとはいえ、ここまで同一人物の血が、しかも臣下の血が、あろうことか天皇に、父からも母からもダブルでながれ込むのは極めて異様です。足し算の次元を超えて掛け算、それも血の累乗化とでも呼ぶべきでしょうか。このような現象は権勢を誇った、かの蘇我氏にもなかったことです。

近代にまでつづく藤原氏の栄華の礎がこの時、築かれようとしていました。

†暗黙のルールを破ると

首親王の即位は、天皇の母は皇族の出でなければならない、という当時の不文律に反していました。

首の母は、臣下である不比等の娘宮子ですから、首の即位はこの暗黙のルールに真っ向から反してしまいます。明文化されていないのだったら無視すればよい、というわけにはいきません。当時のみならず我が国の歴史において、暗黙のルールこそ歴史を動かしてきた面があります。

第一、即位の要件も権限も律令に明文化されない天皇からしてそうです。天皇を取り巻く周辺の事柄は明文化されても、天皇そのものは規定されず、いわば空洞の状態です。最も大事なことは曰《いわ》く言いがたいのか、言葉にするのも畏れ多いのか、文言に縛られるのを避けたいのか。神話に裏付けられた存在だから、という事情もあるでしょう。

代替わりは暗黙のルールが許容する幅のなかで、状況に応じて執りおこなわれました。しかし正面からこれを覆そうとすれば、時に争乱さえ起きました。

そのいい例が壬申の乱です。天智は大友皇子を後継に指名しましたが、大友の母は伊賀の豪族の娘。母親が皇族でないことこそ天武、持統が決起する大義名分になったのです。暗黙のルールを破ると次には大変なことが待っているのでした。

しかし、他を圧する最強の勢力を築いてしまえばどうなるでしょうか？

暗黙のルールも平穏のうちに覆せるかもしれません。ならば時間をかけて周囲を懐柔しつつ最強の勢力を築いてしまえばよい。これが不比等のやりかたでした。

〈持統王朝〉は葬られ、あたらしく「男系」継承が暗黙のルールになってゆきます。それは不比等が蒔いた種を息子たちが実らせたものでした。後述するように、大部隊を動員して女系皇族集団を一網打尽にしてしまう陰惨な事件をともなうものでありましたが――

また光明子を皇后にしたくても、皇后は皇族の出でなければならないとする大宝律令に反しました。しかし規定のあるものについては権力ある者の、(時に恣意的な)拡大解釈によってクリアーできる可能性がありました。

†藤原氏に取り囲まれる天皇家

父方にも母方にも藤原氏がいる天皇――

天皇家を遥かに上回る藤原氏の血の濃度――

そんな天皇がいたのか？　と思われるかもしれません。いたのです。聖武天皇の娘、孝謙天皇がそのひとです(前掲系図)。

自分の血が入ってはいても、ここまで藤原氏に取り込まれた天皇を、はたして持統上皇は望んでいたでしょうか？

藤原氏については、天皇家の身内になった、天皇家と一体化した、とよく言われますが、内実を見ますと、なまやさしいものではありません。不比等の野望が達成された暁には、天皇家は臣下であるはずの藤原氏にすっかり取り込まれてしまいます。乗っ取られた天皇家といって過言ではありません。繰りかえしますが、天皇家に対する〝血の収奪〟でした。

即位したばかりの文武の許に、不比等が娘の宮子を入内させることができたのは、さきにも述べたように、天智の最側近であった鎌足の息子という血筋のみならず、その卓越した能力、仕事ぶりを持統上皇が高く評価したからでしょう。持統は自分亡き後も、不比等に文武の後見を期待し、さらには永続すべき持統王朝をささえる屋台骨になってほしかったのです。勿論それは臣下として、です。

しかし持統が没するや、不比等は独自の路線を進みはじめます。哲学から神話に挑んだ京大教授上山春平の用語を借りていえば、〈藤原レジーム〉あるいは〈藤原ダイナスティ〉の構築にむかって――

(ダイナスティとは王朝と一体化した名門氏族による支配体制。このあと触れる葛野王《かどの》発言に見られるように、持統のためを装いながら、じつは持統の生前から、不比等は独自路線の種を蒔いていた)

†皇族と臣下の区別

当時の朝廷には、いま述べたばかりですが、天皇の母親は皇族でなければならない、という重い不文律がありました。この点については、ひろく歴史学で共通認識になっています。

それにもかかわらず歴史学の通説が、藤原宮子を母とする首皇子の即位を最初から当然視しているのはどうしたことでしょうか? 勿論それは藤原氏の野望でしたが、ここでの問題は、果たして持統がそれを望んでいたかという点であり、著者の大いに疑問とするところです。

天皇の母は皇族、という重い暗黙のルールを持統上皇が知らないわけはありません。それどころか六七九年の正月、〝吉野の誓い〟に先立って、つぎのような詔が出されていました。

諸王は、母と雖《いへど》も、王の姓に非ずは拝むこと莫《まな》

母が王家の出身でない場合、王たる者は母を拝んではならない、というのです。

これを聴いて思い浮かぶのは、壬申の乱で打倒された大友皇子の母が、伊賀の豪族の出身だったこと。また、天武長男で壬申の乱で多大な戦功を挙げた高市皇子も、母が筑紫の豪族の出であるが故に、皇位に手が届きませんでした。

詔のねらいは、十人いた天武の妻たちを厳格に差別化し、皇族でない母をもつ息子たちが、よもや天武後の即位を企むことのないよう、あらかじめクギを刺すものでした。これは天武天皇の意思である以上に、皇后鸕野のつよい意思だったでしょう。

皇族でない母をもつ王は後継候補から外れることをまず宣言し、それでも野心を抱きかねない四名（高市、忍壁、河嶋、施基）と、条件をクリアーしている二名（草壁、大津）を吉野に呼び集めたのでした（第二章）。勿論、鸕野の意思は草壁を天武の後継にすることにあり、他の五名に対してつよく念押ししたのです。

このように皇族と臣下を厳しく区別していた持統上皇です。それは信念といっていいでしょ

の、地上の葦原中国《あしはらのなかつくに》に国つ神を配したのう。天孫降臨神話で天つ神の領分として高天原を創出し、地上の葦原中国に国つ神を配したの

も、皇族と臣下である豪族を峻別するためのものでした。天皇および皇族が天つ神を祭り、豪族は国つ神を祭るものとして日本の神話は再出発したのです。

そうしたなかにあって、高天原で天つ神に仕えていた藤原氏の氏神が、地上に降臨する天孫に随伴して地上に降るのは、極めて異例で特殊（第二章）。藤原氏の氏神に限って特別な位置を得ているのです。一筋縄ではいかない藤原氏の巧妙な策としかいいようがありません。

孫の文武と臣下藤原氏の娘宮子の婚姻をうながしたのは持統でしょうが、宮子が産むであろう子（首）が天皇になるとは考えてもいなかったはずです。持統が不比等を高く評価していたのは、あくまで臣下として、でした。持統が願うのは、不比等が首のよき後見人となること。それ以上ではありません。皇族と臣下の間にはゆるがせにできない一線がある、それは持統が強調していたことでした。天武長男の高市皇子を臣下として重んじながらも、母が皇族でないという理由で即位させなかったのは持統天皇でした。

首親王の即位は、あくまで藤原不比等の隠された野望でした。その遠大な野望に気づかぬまま、翌七〇二年に持統上皇は五十八歳の壮絶な人生を閉じるのでした。死後、庇を貸して母屋を取られるような事態になるとは思いもしなかったでしょう。

2 「男系」継承にむかって転換を図る

†押し寄せる「男系」化の波

この時代は中国の律令を手本にして、我が国に律令国家を実現することが急がれていました。中国の律令は徹底的に儒教的価値観によっており、皇帝には男子が就くものとされていました。そして中国では暴力革命による権力の交替が正当化されていました。この点、世襲を前提とする我が国と大きく異なります。そこは譲らず、合わせられるところは全て合わせて七〇一年、大宝律令が持統存命中に成立しました。

第一章視点1でも述べましたように古来、双系であった列島社会にも、大陸から「男系」化の波がひたひたと押し寄せていました。この動きはまず支配層に浸透してゆきます。

しかしそのなかにあって、列島旧来の双系的慣習はなおしぶとく社会に根を張っていました。双系を基調とする〈持統＝アマテラス王朝〉はこれに依拠するところがありました。圧倒的な勢いで押し寄せてくる大陸文明への、列島文明最後の叫びであったともいえるのではないか。

†「男系男子」をめぐる本音と建前

持統の没後、不比等は持統「双系」王朝に対し、皇統の「男系」化を図ります。公には、男帝を戴く中国的律令国家のあり方に沿うものであり、それが当時における、いわば表の論理であり、建前でした。

皇族でない藤原氏は勿論天皇になることはできません。天皇にならずとも、天皇家に根を張り、天皇家と一体になり、天皇家を実質支配することは可能と不比等は考えます。

それには即位前に早逝し、第二章で述べたように皇太子ですらなかったかもしれない草壁皇子を〝天皇待遇〟にして、

〈草壁―文武―聖武―〉

という〈父子直系＝男系男子〉のタテ系列を是非とも樹立しなければならない（歴史学で「草壁皇統」「草壁嫡系《ちゃくけい》」と呼ぶ）。

そこにヨコから不比等の娘（宮子）を文武の許に送り込み、生まれた男子を天皇に押し上げ（聖武）、さらに不比等の娘（光明子）を入内させて聖武の皇后とし、そこに生まれた子を天皇にしてゆく――

これが藤原氏を永続的に繁栄させる、不比等の隠された野望であり戦略でした。藤原氏が天

皇家のいわば母胎となる構想です。

即位していない草壁を〈父子直系〉の筆頭に出すのはいかにも不自然ですが、これは持統を皇統から外して「中継ぎ」扱いにするためです。これによって草壁を起点とする〈父子直系〉継承を天皇家に樹立し、そこに藤原氏の娘を送りつづけるのです。現代の「中継ぎ」論者は、このような藤原氏の策謀にまんまと搦め取られているのではないでしょうか。

陰の王朝〈藤原ダイナスティ〉は天皇家に母胎を差し出しつづけます。こうして天皇家と〈藤原ダイナスティ〉は表裏一体の、切り離すことのできない関係になってゆきます。

繰りかえしますが、そのためには、皇室に「男系男子」の確たる〈タテ軸〉を打ち立てなければなりません。そうなって初めて藤原氏は娘を〈ヨコ〉から持続的に送り込むことができるからです。

そう、皇統の「男系男子」化は、天皇家に喰い込んで根を張ろうとする藤原氏の私益とまさに合致していたのです。野望というべき本音と、律令国家実現という建前の両面において「男系男子」化がもとめられたわけです。勿論藤原氏は、本音は表には出さず、律令国家の建前を前面に押し出してゆきます。

なお藤原氏が父子直系をあるべき姿としていたことを証する品があったといわれています。さきにも触れた、〈草壁—文武—聖武〉と伝わる護身用太刀、黒作懸佩刀《くろつくりかけはきのたち》の伝世譚《たん》です。常に不比等が介在する、この「男系男子」継承の話は、藤原氏の皇位継承観を如実に伝えるものです。これについては改めて本書の最後で触れることにしましょう。

†〈子から母へ〉の代替わり

以上は不比等の計略の概要です。事実に即して、もうすこし具体的に見てゆきましょう。七〇二年に持統が没すると、藤原不比等は持統王朝の双系性を修正し、「男系」への切り替えを企てます。

持統の没後五年、後継の文武が二十五歳で早逝。『続日本紀』によれば、病床で文武は母親、即ち草壁妃であった阿閇《あへ》皇女に、自分に代わって皇位に就いてほしいと再三懇願したといいます。時のながれを逆転する、息子から母への、前代未聞の代替わりです。

もっとも、即位を目前にして逝った草壁とその後を襲った母持統と、〈子から母へ〉という関係において似ているとはいえます。勿論草壁が即位前に早逝した事実は重いのですが——

幼い首親王七歳につなぐための、これぞまさに「中継ぎ」ですが、母が息子のあとを継ぐという奇策は若い文武の発想とは考えられず、不比等の進言によるものでしょう。他に天武が遺した皇子たち候補者が多数おり、また、このあと触れる長屋王も三十二歳と適齢期を迎えていました。そうしたなか、〈子から母へ〉とはなまなかなことではなく、実行するには大変な力業が必要でした。

それに、これまでの女性天皇（大王）は推古にしても皇極（斉明）にしても、勿論持統にしても、皇后（大后）を経ており、政治経験をもったうえで即位していました。これに対し文武の母は、早逝した草壁皇子の妃であったに過ぎません。政治経験もなく、その手腕は全くの未知数。さらには、文武には持統という頼りになる上皇がいましたが、阿閇が即位しても上皇はいないのです。

阿閇皇女はこれをどのように乗り越え、不比等はこれをどう正統化するのでしょうか？

†もどきの観念

七〇七年、文武の後継として四十七歳の母阿閇が即位しました（元明天皇）。

元明天皇の父は天智、母は蘇我倉山田石川麻呂の娘姪娘《めいのいらつめ》。元明は持統の十七歳下の異母妹。持統の母は石川麻呂の娘遠智娘でしたから、持統と元明の母は共に蘇我氏の生まれでした。

また首親王は元明にとっても不比等にとっても孫であり（前掲**系図**）、不比等が元明にもとめた役割は、孫の首に譲位するまでの、あくまで「中継ぎ」でした。

元明即位の二ヵ月前のこと。『続日本紀』によれば、亡き夫草壁皇子の命日が「国忌《こっき》」と定められました。天皇や母后の命日は国忌とされ、政務を休んで仏事をおこないますが、皇子の命日は本来対象外です。

この取り決めは草壁が〝天皇待遇〟になったことを意味します。このようなもどき、擬制は現代ではなかなか通用するものではありませんが、古代では、以後、それがあたかも事実であったかのようにみなされてゆきます。このあたり、現代人には理解しがたい古代ならではの心性といえるでしょう。

若くして逝った夫がこのように厚遇されるのは阿閇にとっても名誉であり、歓迎すべきことだったでしょう。これに連動して阿閇も〝皇后待遇〟になったに等しくなります。皇后経験のない元明ですが、このように〝もどき〟〝見なす〟工夫は古代の知恵といえましょうか。元明がスムースに即位するためのお膳立てであり、これも不比等の主導でしょう。

しかし狙いはそれだけではありませんでした。さきに述べたように、秘めたる野望があったのです。即ち、草壁皇子の〝天皇待遇〟はつぎのことを意味しました。

〈草壁―文武―〉

という「男系男子」の皇統があらたに打ち出されたのです（草壁直系の皇統＝「草壁皇統」）。あるいはその用意ができたというべきかもしれません。

草壁皇子を〝天皇〟と位置づけ、息子の文武が後継となり、さらに、その息子である首につなぐ藤原氏の構想――

ここには持統も元明も登場しません。女性天皇は「中継ぎ」と位置づけられ、歴史の脇道に追いやられるのです。こうなると、〈アマテラス＝持統〉王朝の存在が薄くならざるを得ません。

†「神話」から「常典」へのすり替え

藤原宮の大極殿でおこなわれた元明天皇の即位式――。孫の首に譲位することを不比等に言い含められて元明は即位しました。それは〈祖母から孫へ〉というながれであり、これもアマテラスが孫のニニギを地上に降臨させる天孫降臨神話に符合します。

持統＝アマテラス↓　珂瑠＝天孫ニニギ
元明＝アマテラス↓　首＝天孫ニニギ

ところが元明天皇の即位宣命は天孫降臨神話に一切言及せず、代わって耳目を集めたのは、天智天皇が定めたという「不改常典《ふかいのじょうてん》」でした。

天智天皇は持統のみならず元明の父でもありましたから、天智が定めた「不改常典」の言挙げは新天皇を権威付けました。既に述べたように即位の要件に欠ける元明は唯一、父が天智天皇であるというその一点で即位したともいえます。その意味で天智が登場するのはわかります。しかし問題はそんなレベルを超えて、「不改常典」が持統王朝を相対化してしまうことにあります。即ち元明の即位宣命がいうには、持統天皇は草壁皇子の嫡子である文武天皇に皇位を授け、さらには共に天下を治められた。これは天智天皇が定められた、

「天地と共に長く日月と共に遠く改むまじき常の典」

にもとづいておこなわれたというのです。

持統が文武に譲位したのは「不改常典」によっていたというのですが、持統在世中におこなわれた文武即位の宣命にそのような言及は全くありません。第二章で見たように、文武の即位宣命では「高天原」に坐す「神」からの「依《よさ》し」により、「現御神《あきつみかみ》」（＝現人神）としての「倭根《やまとね》子《こ》天皇命《すめらみこと》」（＝持統）から文武に譲位されたのでした。文武の即位は天孫降臨神話で正統化されていたのです。

ところが元明の即位宣命では、天智が定めたという「不改常典」があらたに持ち出され、これを使って持統から文武への譲位を定義し直しているのです。

即ち、譲位を正当化する論理が天孫降臨の神話から「不改常典」という法令にすり替えられ

ているのです。神話の内容を法令に落とし込んだだけなら合点がいきますが、そうではありません。正統化する論理そのものがすり替えられました。

天孫降臨神話では〈アマテラス＝持統〉が権威とされ、女系継承が許容されていました（トータルで双系）。ところが「不改常典」では天智天皇が権威とされ、〈父子直系〉であるべき、とされたのです。即ち、「男系」継承の絶対化です。神話を法令に落とし込んだように見せかけた、極めて高度な論点ずらしというほかなく、不比等の策謀以外には考えられません。

併せてこの時、〈父天智から娘持統へ〉、再び〈父天智から娘元明へ〉と、天智を起点とする血脈が念押しされました。ここに、壬申の乱で後景に退いていた天智天皇がグッと前面に出てきました。

歴史学では「天孫降臨神話」と「不改常典」は同根と見なされています。私見ながら、両者のあいだに決定的な差があることを指摘するのは本書が初めてかと思われます。

†〈父子直系〉の典拠

この「不改常典」なるものは、天智天皇が登場する『日本書紀』のどこにもあらわれません。それで戦後史学では、これは元明の即位式に合わせて不比等が独自に作り上げた、とみるのが優勢でした。ところが『続日本紀』をよくよく見ますと、七一九年の元正天皇の詔の中に「近江の世」、つまり天智の代に法令制度が定まり、これが「無改」の「恒法」になったとあり注目されます。これこそ、「不改常典」のことではないか！（北康広「律令法典・山陵と王権の正当化」）

これまで天智朝に「不改常典」が実在していたとみる説もありましたが、明確な根拠を欠いていました。北説はこれに根拠を与えました。しかしこの場合であっても、不改常典を元明即位の場にわざわざ持ち出してきた藤原不比等の意図に変わりはありません。

不改常典の意味内容について宣命は何も説明しないのですが、当時の状況からして、朝廷に居並ぶ官人たちは直ちにその意味を読み取ったことでしょう。

天智天皇が定めた、ということから、代替わりは〈父子直系〉であるべきであり、それが変わらぬ原則だと主張していることがわかります。これは天智が息子の大友皇子を後継指名したことに符合します。

そうなりますと、天智の遺志、即ち父子直系継承を覆し、武力に訴えて兄弟間継承をなし遂げた天武朝・持統朝は、「不改常典」に大きく違反したことになります。持統の在世中にはとても打ち出せない代物でした。

不改常典の内容についての通説的理解は、以上のように父子直系とみています。これに対し近年、天皇に後継指名権をあたえたものという解釈が出ていますが、この場合でも、天智の遺志が〈父子直系〉にあったことに変わりはありません。

†「天命を受けて皇統を開いた」天皇

ここで想起されるのは『日本書紀』における天智と持統の名です。

天智は「天命開別《あめみことひらかすわけ》天皇」、持統は「高天原広野姫天皇」。

天智が「天命を受けて皇統を開いた」のであり、この皇統を受け継いで、「高天原」の持統が皇統を持統させたと『日本書紀』は位置づけています。『日本書紀』は、天智を起点とする不比等の天皇観、歴史観の産物といえます。なお「別」は「ことの外」「特別の」という強調の意味。

こうなりますと、皇祖アマテラスに擬された、王朝の始祖としての持統の存在感が相対化されてしまいます。

天智を「天命を受けて皇統を開いた」天皇と認めることは、まさしく天智が不改常典を定めたことに符合します。元明の即位宣命は、壬申の乱で地に堕ちた父天智の名誉を回復させ、再浮揚させました。

そして不改常典のいう〈父子直系〉継承とは、ことばを変えれば「男系男子」による継承にほかなりません。天皇家に「男系男子」継承を確立させ、そこに藤原の娘を入内させ、生まれた子を天皇に押し上げることによって〈藤原ダイナスティ〉が成立します。これこそ不比等の野望であり、戦略にほかなりません。

一方、天武はといえば「天渟中《あまのぬな》原瀛真人《はらおきのまひと》天皇」。この「天」は高天原というよりは、中国的、道教的な天でしょう。道教の達人であったと称讃していますが、皇統での位置づけが非常にあいまいです。即ち、『日本書紀』がもとめる皇統から遊離してしまっています。『日本書紀』は天武を皇統の本筋から外し、そのうえで持統から天智へと、積極的に天智への回帰を強調しているのです。

（天智、天武、持統といった漢風諡号は、天智の玄孫《やしやご》で、後出する葛野王の孫淡海《おうみ》三船が八世紀半ばに定めたもの。『日本書紀』には本来出てこない名だが、簡便さ故もちいている）

†〈持統王朝〉の換骨奪胎を図る

それでは持統の没後に、〈持統王朝〉に水を差す「不改常典」はどのような意図で持ち出されたのでしょうか。

天智天皇が定めた「不改常典」の言挙げにより、持統王朝は天智にバックボーンをもつことになりました。父の称揚は亡き持統天皇の意に反するものでもないでしょう。

しかしながらこれにより、持統王朝の骨格が揺らぎだしたことは否めません。この王朝は既に述べましたように双系性を前提としていましたから、〈父子直系〉をいう不改常典とは相容れないのです。

　不改常典を持ち出すことにより、不比等は〈アマテラス＝持統〉王朝の換骨奪胎を図りました。既に述べているように、双系継承を脱して、「男系男子」の継承を確立するのが不比等の戦略でした。即ち皇統の頼るべき根拠が、〈アマテラス＝持統〉を起点とする天孫降臨神話から、天智天皇を起点とする「不改常典」へとシフトしはじめたのです。

　さきにも触れた上山春平は、天孫降臨神話が現実の皇位継承に符合すること、それは不比等と持統の共同作業であったことをいち早く指摘しました。しかし天孫降臨神話と持統没後に持ち出された不改常典とを同根とし、違いを見逃したのは残念なことでした。もっとも歴史学では、不改常典と天孫降臨神話を同工異曲と扱う場合がほとんどで、著者には納得がゆきません。〈持統王朝〉を想定しないと、天智と持統が親子関係にあることもあり、即位の根拠が天孫降臨神話から不改常典という法典にずらされたことに気づかないようです。それは〝神話〟から〝法典〟へという器の違いだけでなく、女系を許容する「双系」継承から父子直系の「男系」継承への転換だったのです。

†「双系から男系へ」の転換

持統の在世中、不比等は最大限奉仕して信頼を得ました。しかし持統が没するや、自らの野望達成へと巧妙に舵を切ったことを見逃すわけにはいきません。

女性天皇の即位に際して父子直系継承を打ち出すとは、元明が孫への「中継ぎ」に過ぎないことを如実に表しています。陰の主役である藤原不比等は、即位式というこれ以上ない公の場で、「双系から男系へ」の転換を既定路線として示したのです。

もっとも即位して五年後の七一二年に元明天皇に献上された『古事記』には天孫降臨神話が収められていました。持統朝において孫の珂瑠王への譲位がなされたのと同様に、元明朝においても孫の首皇子への譲位が予定されていましたから――それが不比等の方針であり、元明もそう考えていた――、この点で天孫降臨神話は意味をもちました。

というか、もち得たはずです。しかし元明の即位宣命では全く言及されず、不改常典の陰に隠れてしまうのでした。

(不改常典は呼称に変化が見られるものの、平安時代に入っても即位宣命で言挙げされた。一方、天孫降臨神話を収めた『日本書紀』は朝廷内で読み継がれたが、『古事記』は徐々に存在感を失い忘れられていった。その復活は江戸時代の本居宣長まで待たねばならなかった)

†兄弟間の継承は「乱」を引き起こす

さて父子直系継承を意味する「不改常典」を耳にした時、列席者の多くが十一年前の葛野王《かどの》の発言を想起したことでしょう。それは持統後継を決める会議でのことでした。

天武天皇の長男でなお即位の可能性を残していた太政大臣高市《たけち》皇子が六九六年、四十二歳で没しました。これを待っていたかのように、その年末に持統天皇は次の天皇を決める会議を招集。皇祖神としてふるまう持統天皇でしたが、実際には手続きを踏む必要があったのです。

孫への譲位を期す持統の執念は知れわたっていますが、年齢条件を満たしている天武の皇子がこの時点で四名いました（舎人《とねり》、長《なが》、弓削《ゆげ》、穂積《ほづみ》）。

会議は紛糾したものの、壬申の乱で天武に敗れた大友皇子の息子葛野王の発言が全体を制しました。大友は天智天皇の息子であり、壬申の乱がなければ、皇統は〈天智―大友―葛野〉となっていたはず。その葛野王三十七歳が発したことばです。

「我が国家の法と為る、神代よりこのかた、子孫相承けて天位を襲《つ》げり。若し兄弟、相及ぼさば、即ち乱、此《ここ》より興らむ」

昔から「子孫相承けて」つまり〈タテ系列〉の継承だったと説きます。史実とはいえませんが、祖父天智の代に定まったという「無改」の「恒法」（＝不改常典）を言っているのでしょう。もし後継の範囲を「兄弟、相及ぼさば」、つまり天武の遺児たちにひろげたなら、「乱、此《ここ》より興らむ」、即ち兄弟たちが争うことになる。言外に、それでは壬申の乱の二の舞になると主張したのです。

これに対し、弓削皇子が発言しようとするや、葛野王は異論を許さぬ気迫で一喝して押し切った――。この一言が「国を定」めた、と持統が褒めちぎったといいます。

（この逸話は『日本書紀』にはなく、我が国初の漢詩集『懐風藻』の葛野王評伝が伝えるもの）

父子直系、即ち「男系男子」を主張する葛野王の発言は、不比等の根回しによるものでしょう。父を乱で喪い、めぐってくるはずの皇位をも失った当の本人に言わせるとは、このうえなく狡猾《こうかつ》な策であり、比類なき説得力をもちました。このことばが天武後継世代を一掃し、当時十四歳の、持統の孫・珂瑠王の立太子を決めたのでした。

†〈父子直系〉という諸刃の剣

葛野王のことばは、天智の遺志であった父子直系継承を武力で覆し、兄弟間継承を実現した壬申の乱を全否定するものです。乱の結果即位した天武、持統天皇を冒瀆《ぼうとく》しかねない危険な内容といえます。持統が招集した席でそんな発言ができたのも、やはり不比等による事前の根回しがあったからこそでしょう。

ここはとにかく孫への譲位に必死だった持統天皇にとって、これさえ叶えば満願成就、過去の戦乱の否定など、どこ吹く風と全く響かなかったようです。孫の立太子が決まった喜びはことのほか大きく、朝廷で微妙な立場にあった葛野王に格別の昇進を授けるのでした（正四位《しょうしい》、式部卿《きょう》〈式部省長官〉）。

持統の没後、「男系男子」による父子直系継承が堂々と前面に押し出されました。その明確な端緒が元明の即位宣命にあらわれた「不改常典」であり、「葛野王発言」はその前触れでした。父子直系を主張する葛野王発言には、「男系男子」にむかう伏線が張られていたのです。孫が立太子した喜びのあまり——天にも昇る気持ちだったでしょう——、持統天皇は危険な兆しに気づかなかったのか、あるいは単なる一時しのぎの便法にすぎないと見逃してしまったのか。

即ち持統「双系」王朝にとって「父子直系」は兄弟間継承を否定するプラスの要素があったものの、しかし同時に「父子直系」は男系男子による継承にほかならず、この点が決定的に相容れないのでした。

持統天皇の念頭にあったのは、男系にこだわらない双系継承でした。これを打ち消すかのように自分の没後、不比等が父子直系をいう「不改常典」を持ち出してくるとは、夢にも思わなかったでしょう。知略に長けた持統天皇にぬかりがあったとすれば、まさにこの点でした。

あまりに不比等を信用し過ぎていたのかもしれません。逆に不比等は、持統の寄せる絶大な信頼をテコにして、自己の宿願を果たすべく着々と手を打っていたのです。

天智天皇は「不改常典」で晴れて復活しました。かれに終始仕えた最側近こそ、不比等の父藤原鎌足。天智の称揚は不比等の立場をも強化しました。不改常典を掲げたことは多くの点で不比等の妙案なのでした。

3　藤原氏の、藤原氏による、藤原氏のための平城京

この節では持統亡き後、藤原不比等が〈持統王朝〉の都藤原京から平城京への遷都断行によって野望を達成するプロセスを追います。

極めて変則的な平城宮と平城京のあり方、皇太子宮と不比等邸の通じ合う関係、地形の起伏を最大限活かした藤原氏優位の都づくり――

これらをとおして不比等はいったい、何を実現しようとしたのでしょうか？

†なぜ遷都するのか——その建前

即位して三年が経過した七一〇年、元明天皇は都を藤原京から平城京に遷しました。じつはこの時点で藤原京は未完であったことが考古学的調査で確認されています。そんな状態でありながら、なぜいま、藤原京を棄ててあたらしい都に遷るのでしょうか?

現在の通説はつぎのようなものです。

——七〇四年に帰国した遣唐使の報告によれば、唐の都長安は、中国に範を取ったつもりの藤原京とは全く違っていた。これでは国際的に通用しない。それであたらしい場所で、あたらしい都を造ることになったというものです。これは奈良文化財研究所を中心に、考古学からなされる主張です。

また国内事情からも説明されます。

——蘇我氏本流を抹殺した乙巳の変(大化改新)から五十年余りが過ぎ、都が藤原京に遷ってからも、生き残った蘇我氏傍流をはじめ、有力豪族たちは依然として地元に根を張っていた。藤原京では彼らが本拠とする地元に近いため、京内に移ろうとしない。大宝律令が施行されても、豪族たちは旧来のまま地元に根付いており、国家に奉仕する官僚になり切れていない。彼らを地元から引き剝がして朝廷に仕えさせるには、もっと離れた場所に都を遷すのがいちばんだ。それで奈良盆地南端の藤原京から北端の平城京への遷都となった。

他にも、藤原京は水はけが悪くて異臭が漂うようなありさまだった、四神《しじん》相応の風水思想に適していなかった等々、諸説あります。

（四神相応とは、北に玄武、東に青龍《せいりゅう》、南に朱雀《すざく》、西に白虎を当てる中国伝来の世界観）

†なぜ遷都するのか——その本音

遷都を主張する建前としては確かにそういえるでしょう。しかし、これとは全く違う本音があったと著者はみています。いうまでもなく歴史は、建前と本音の両面からみてゆく必要があり、そうでないとほんとうのところはわかりません。

考えなくてはいけないのは、遷都すること自体、これを遂行する権力を強大にするということ。即ち遷都事業を主導することにより、藤原氏は一強体制を確立し、さらに強化してゆきます。

藤原氏にとって、まず持統王朝の都である藤原京を棄てる必要があります。そして藤原氏の、藤原氏による、藤原氏のためのあたらしい都をつくるのです。それが平城京でした。

遷都事業をつうじて藤原氏は、皇室へのさらなる喰い込みを図りました。血縁のネットワークのみならず、具体的な空間連携においても結合を構造化してゆきます。

平城京と平城宮の設計内容を具体的に分析してゆきますと、遷都の意図がどこにあったのか、かなり具体的に読み取ることができます。建築家、都市計画家としての権力者の姿がそこに見い出されます。藤原京では国際的に通用しないという遣唐使の報告は、不比等にとってまさに〝渡りに舟〟だったのです。

†「遷都は急がなくてよい」

『続日本紀』によれば七〇七年、病の床にあった文武天皇二十五歳は、没する五カ月前に遷都の妥当性を下問したといいます。遷都という未来に向けての大事業が、死期の迫った若い天皇の発意とは考えがたく、これも不比等の進言によるものでしょう。

この年に即位した母の元明は右大臣藤原不比等に説得されて翌七〇八年、平城京遷都の詔を発します。しかしその内容は、まるでやる気の見えないものでした。

「遷都はまだ急がなくてよい……」
「王公大臣たちの議することを抑えることはできない……」

これが遷都を急かされた元明天皇の本音であり、遷都の実情でした。藤原京がまだ完成してもいないというのに、あわただしく遷都するとはどうしても解せない。持統天皇がお造りになられた藤原京には夫草壁、息子文武との忘れられない思い出がたくさんある。それなのに、なぜ移らなければならないのか……

持統が藤原宮の内裏に入ってから僅か十六年。それでも藤原京は〈持統―文武―元明〉と三代の都となりました。持統にとって藤原京は持統王朝が永続する都のはずだったのですが――

†発掘者を驚かせた長屋王邸の破格さ――不比等の懐柔策か

不比等が主導する遷都の動きに抗しきれなかった元明天皇。渋る元明に翻意を促したのはいったい、何だったのでしょうか？

受け容れのきっかけになったのは、不比等からなされた、平城京における長屋王邸への特段の優遇案だったのでは――、と著者は考えます。

近年の発掘調査であきらかになったのですが、元明の末娘である吉備内親王とその夫長屋王の邸宅は、発掘者が「ここは宮中か」と見紛うばかりの破格の規模と内容でした。これを条件に、元明は遷都を呑んだのではなかったか。

（壬申の乱での功績ゆえにあたえられた父高市皇子の遺産を受け継いだこと、また妻が内親王であったことも有利にはたらいた）

通史ではそれほど重視されない長屋王ですが、長屋王邸の破格の在りようは、元明天皇にとって長屋王家が極めて重要な存在であったことを物語っています。

今から三十年余り前の一九八八年、奈良市郊外のデパート建設にともなう事前の発掘調査で、とてつもなく広大な邸宅跡が見出されました。平城宮の正面前を二条大路が東西に伸びますが、その大路をはさんで平城宮の南東に位置する超一等地です（図17）。規模はといえば、条坊制の区画単位で四区画を占めていました。一区画は一二〇メートル四方の正方形。これを四倍して、間に入る街路面積を含めますと約六万平方メートル（一万八千坪余）。発掘者が「ここは宮中か」と思ったというのも、あながち言い過ぎではないでしょう。

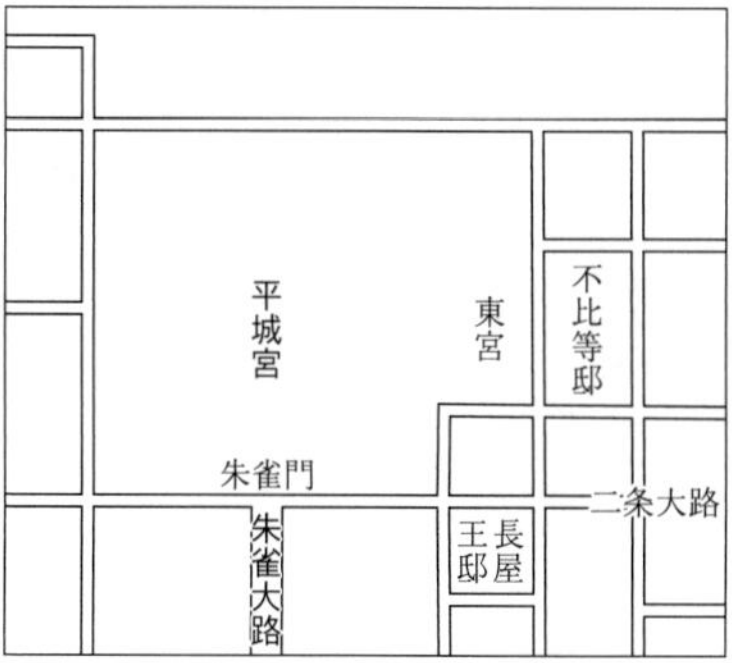

図17　東宮、不比等邸、長屋王邸位置関係図（東宮と不比等邸の関係に注目。瀧波貞子『光明皇后』より作成）

敷地内から「長屋親王宮」「長屋皇宮」「長屋皇子宮」と墨書された木簡が出土し、多くの議論を経て、ここが長屋王邸跡と特定されました。『続日本紀』では終始長屋王と表記されますが、平安初期の『日本霊異記』では長屋親王。実際には〝親王待遇〟だったのでしょうか。

†長屋王とは誰か

はて、長屋王とはどのような人物だったのでしょうか？

父は天武の長男。壬申の乱で多大な戦功を挙げ、持統朝の太政大臣だった傑物高市皇子。母は天智の娘の御名部《みなべ》皇女で、元明とは同母の姉。父方の祖父は天武、母方の祖父は天智と、長屋王はまさに皇統のサラブレッド。さらにその先には天武と天智の母である大王の斉明がいました（前掲系図）。

（その生年には、『懐風藻』のいう六七六年と中世文献の六八四年の二説がある。当然ながら前者のほうが生存時に近く、また年齢的に他の人びとと整合性がとれるため、本書は六七六年を採る）

父の高市は第二章で述べたように、〝吉野の誓い〟に呼ばれていました。天武の長男であり、壬申の乱で多大の実績を挙げていましたが、母が地方豪族の出。これを理由に持統から即位を阻まれ、代わりに太政大臣として処遇されていました。

しかし第2節で述べたところですが、高市太政大臣の死を待っていたかのように、持統の孫・珂瑠王の立太子が決まりました。このことからもわかるように、高市の朝廷での存在感は大きく、母の出自に微妙な点を抱えながらも最後まで即位の可能性を残していたのです。『日本書紀』が即位を目前にして没した草壁を「草壁皇子尊《みこのみこと》」と呼び、高市を「後《のちの》皇子尊」と呼ぶのも、これを示唆しています。

†血統は父より聖武天皇より上

高市の息子長屋王の母御名部は天智の娘。皇族ですから、父の弱点をクリアーしており、長屋王は血統上、皇位に近い位置にありました。じつは七〇七年の元明の即位時には三十二歳、つづく七一五年の元正の即位時には四十歳と、藤原氏の意向を別にすれば長屋王にも即位の可能性がありました。

長屋王は漢籍、法令に通じた論客で、また酒宴をよく開いて歌を詠む教養人でもありました。『懐風藻』には漢詩が三篇、『万葉集』には歌が五首収められています。血統的に優れているだけでなく、有能かつ個性的な人物でした。それだけに藤原氏から警戒され、周到かつ巧妙に皇位から遠ざけられていました。不比等が前妻との間になした娘長娥子《ながこ》が長屋王の側室となり、四人の男子を産んでいます。これなどは懐柔策の意味合いがあったのでしょう。

それでも有力な皇位継承候補であることに変わりはなく、新興藤原氏の母をもつ首親王より血統上、遥かに格上といえました。

さらに長屋王は元明の末娘で文武の妹である吉備内親王を妃に迎えています。王と内親王の婚姻ですから、長屋王が婿入りした可能性があります。

吉備は、母元明と兄文武と姉氷高《ひだか》が即位していますから、まさに〝三重丸〟の内親王。双系的にさかのぼれば、父の草壁は天武と持統の子、母の元明は天智の娘。両親を同じくする兄文武と姉元正とは、当然ながら全く同じ血筋にあります（前掲系図）。

その吉備内親王と結ばれたことにより、長屋王は特別の待遇を受けました。長屋親王と木簡表記にあるのはその証しといえるでしょう。

長屋王の母の御名部内親王は、いま述べたように、元明と両親が同じ（父は天智、母は蘇我姪娘）。ふたりが親密だったのは『万葉集』に収められた歌からもよくわかります。即位の翌年、大嘗祭に臨む元明が心細さを詠じたのに対し、姉の御名部はつぎのように詠んでいます。

わが大君　ものな思ほし（略）我がなけなくに

そんなに不安に思うことはないですよ、姉の私がいるではありませんかと元明天皇を励ましているのですが、その御名部内親王の息子が長屋王。いざという時にはかれを頼りとしていたのでしょう。彼女ら御名部、元明、元正、吉備内親王は親密な蘇我女系皇族集団を形成し、高い同族意識でむすばれていました。そのなかで吉備の夫であり、自身も母御名部を介して蘇我の血を引く長屋王は、蘇我女系皇族集団の頼りがいのある精神的支柱だったのです。

一方、藤原氏の側から見ると、この長屋王一族は、首親王あるいはその子孫の即位を脅かしかねない、不気味な存在なのでした。

†広大で豪勢な長屋王邸跡から類推すると

長屋王といっても、通史ではそれほど重要視されていないかもしれません。教科書に名前は出てきますが、謀反の罪で自死に追い込まれた変人貴族といった印象でしょうか。

しかし長屋王邸跡の発掘調査の結果を前にして、誰しもが驚きました。何よりもまず、長屋王邸の規模の広大さです。平城京は大宝律令が施行されてからの都ですから、官位に応じて宅地が支給されるはずです。しかしさきにも見たように、平城宮至近の立地といい、規模の広大さといい、想像を遥かに超えるものでした。宅地案が提示された時、長屋王の官位は正四位上《しょうしいのじょう》と推定されますが、これに対して身分不相応、破格の待遇が用意されたのです。

発掘が進むにつれ、長屋王邸の内容もきわめて特異であることが見えてきました。

広大な宅地は築地塀《ついじべい》（塀の芯に柱を立てて木枠を組み、土で練り固めた塀）で囲まれています。敷地の使い方は大きく南北に分けられており、南側の主要スペースは板塀によって東西、三つのゾーンに区画されていました。

中央ゾーンに檜皮葺きの屋根をもつ長屋王の館、西側には同じく檜皮葺きの吉備内親王の館。

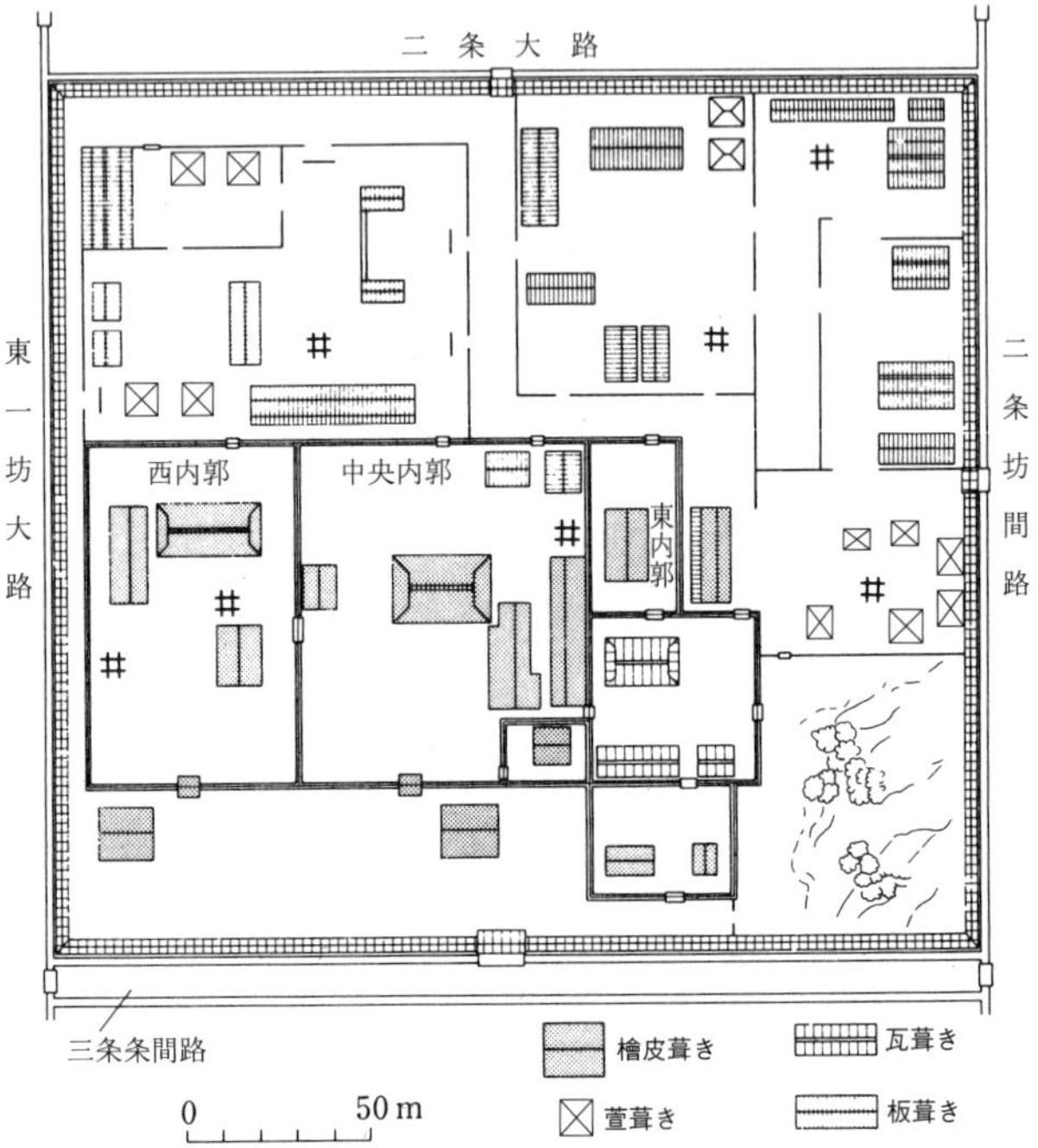

図18　長屋王邸復元図（中央の館に長屋王、西の館に吉備内親王が住んだ。東南に宗教施設、その外側に庭園があった。森田悌『長屋王の謎』）

東南側にはなんと瓦葺きの建物までありました。これは仏教ないし道教（「左道」）の施設とみられます。

そして北側には王家をささえる家政施設が数棟分布していました（図18）。

このように豪勢な長屋王・吉備内親王邸のありようは、やはり、なんとしても平城京遷都を実現したい藤原不比等の、遷都に消極的な元明天皇に対する懐柔策だったのではないか、と思われるのです。可愛い娘吉備とその夫長屋王の住まいなのですから。

そこには蘇我系女系皇族の精神的支柱、長屋王に期待する女性天皇の心情もはたらいていたでしょう。今日風にいえば、藤原氏側と元明・長屋王側の双方にとってウィン―ウィンの関係が成立していたのではないか。

†理念の都とリアリズムの都――藤原京と平城京の違い

ここで新旧二つの都の違いを見ましょう。

藤原京は第三章で見たように宇宙、それも絶対的な北極星の視点から造られた、いわば〝静〟の都でした。脳のなかに生じた理念的図式がそのまま地上に降りて来た感があります。これは学生の設計によく見られる傾向で、振りかえれば、かく言う著者にも経験があります。思想的にはおもしろいのですが、地上での目線で見ると、意外にも迫力を欠くという限界があります。

これに対して平城京は地形をはじめ、現実の諸条件を巧く活かした設計になっています。地上での目線を意識して視覚効果を上げているのです。また上空から見た輪郭にこだわらず、地形からくる変形を積極的に受け入れ、これを活用しています。

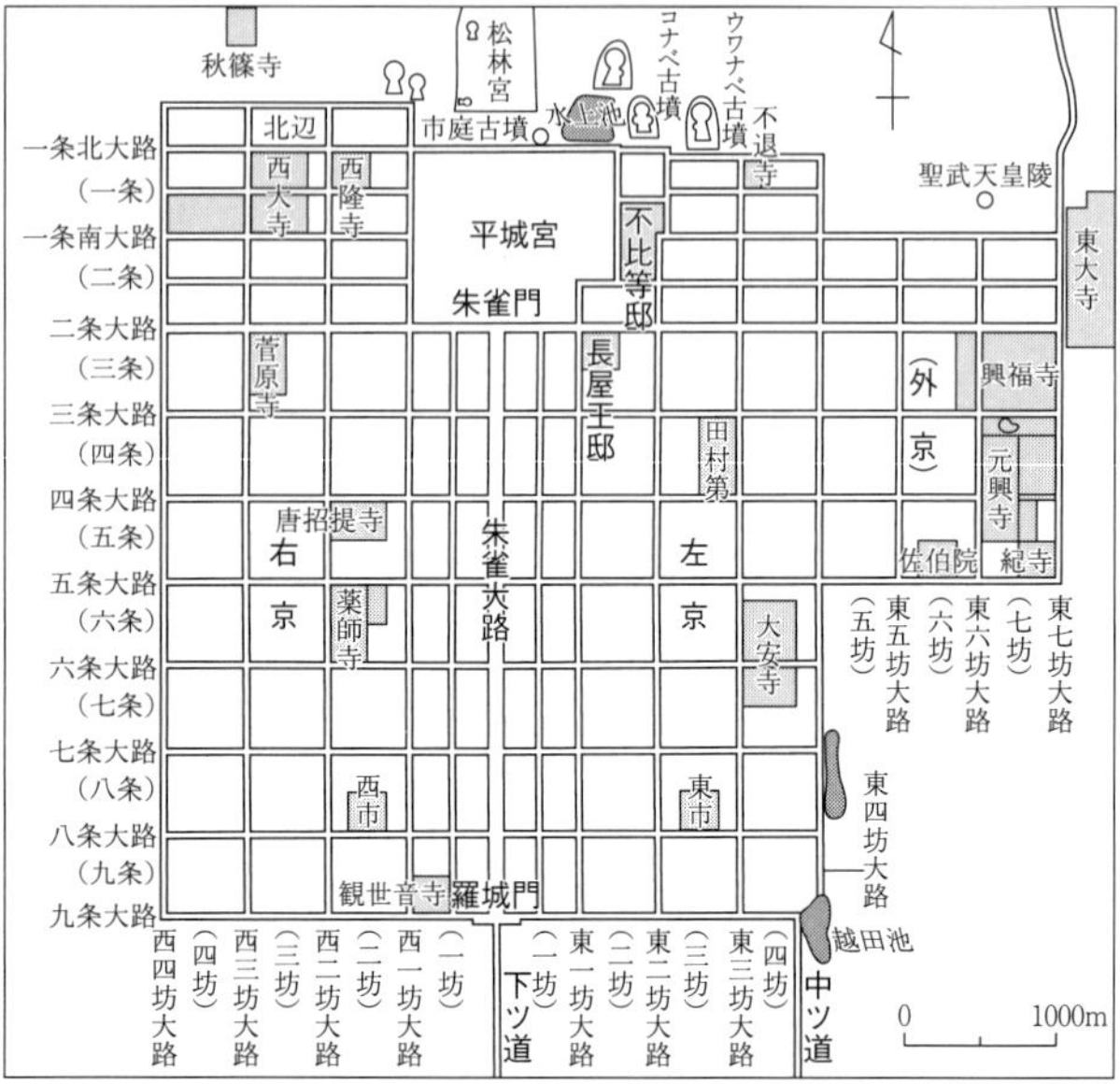

図19　平城京復元図（京も宮も東に張り出していることに注目。水はけと眺望をもとめていた。吉川真司『天皇の歴史 02』）

さらに具体的に違いを見てゆきましょう（前掲図8、図19）。

第一に挙げられるのは京域の輪郭です。藤原京では巨大な正方形でしたが、南東部に丘陵がある条件を無視した強引さが目立ちました。理念を重視するあまり、現実の諸問題を置き去りにした感がぬぐえません。

これに対し平城京は少し縦長の長方形ですが、この輪郭を破って北東部に張り出し部があります（「外京《げきょう》」）。現在の奈良市の中心部がここにあることからも、むしろこちらが一等地であるとわかります。水はけも眺望も優れており、ここを取り込むために出来た張り出しでした。そこには藤原氏の氏寺興福寺が建立されます。

京域の広さを見ると、計画範囲は藤原京が上回ります。しかし都とはいいがたい丘陵部をかなり含みますので、比較はあまり意味をなさないでしょう。

二つ目の違いとして、宮の位置があります。藤原宮が京域のど真ん中にあった藤原京に対し、平城京では北に向って最奥の位置に平城宮があります。これは帰国した遣唐使がもたらした情報により、唐の都長安にならうものでした。朱雀大路から見ますと、奥行の深さ、透視的効果の壮大さに藤原京とは雲泥の差があります。

三つ目には、京の中枢をなす宮の形が挙げられます。藤原宮が正方形であるのに対し、平城宮は基本的には正方形であるものの、藤原宮と異なり、東に大きな張り出し部がありました。まるで外京に呼応するかのように――

平城京も平城宮も、東に大きく張り出すのは当初からではなく、のちに加えられたものと考えられていました。しかしその後の発掘調査により、これら変則的に見える部分は、じつは初めから設計されていたことがわかってきたのです。正方形をなして整序立った藤原京と大いに異なる特徴です。

なぜこのように変則的な設計になったのでしょうか？

†不比等邸と皇太子の宮

長屋王邸の法外な規模を認めた不比等でしたが、自身の邸宅の敷地規模は長屋王邸のおよそ二倍とすこぶる広大でした。しかし規模以上に注目したいのは不比等邸と、平城宮内にある皇太子の宮、東宮《とうぐう》との位置関係です。そこに、皇室との一体化を図る、具体的には首親王の東宮入り、即ち立太子を図る不比等の戦略が周到に織り込まれていました。

いま述べたばかりですが、平城宮には東に大きな張り出し部がありました。具体的にいうと、平城宮が約一キロ四方の正方形の輪郭を越えて、東南隅部を欠く形で、東に二六〇メートル余も張り出しており、そこに東宮がありました（図20）。残された東南の隅は、もとは氾濫原だった所です（図21）。水はけの悪さを考慮して、そこは宮外にしたほうがよいという判断があったのでしょう（発掘調査の結果、その一角に不比等の一番下の息子・藤原麻呂邸があったことが判明。但し長屋王の変ののちとみられる）。

そして東宮の東側に、大路をはさんで向き合うかたちで不比等邸があるのです（前掲図17）。藤原京における不比等邸は「城東第《だい》」と呼ばれ（『扶桑略記』）、藤原宮の東にあったと推定されます。これを表向きの理由として、平城京でも不比等邸を平城宮の東にもってきた可能性があります。

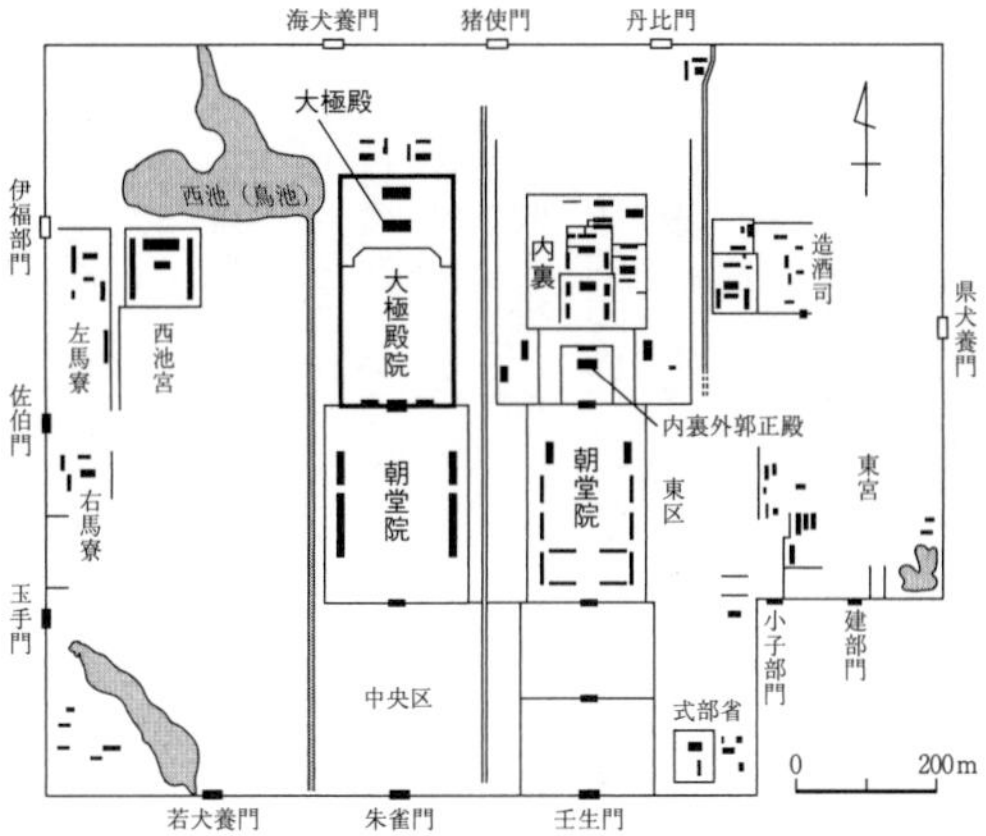

図 20　平城宮復元図（中枢ゾーンが東西に二つ並んだ。東張り出し部に東宮。県犬養門を出ると不比等邸がある。吉川真司『天皇の歴史 02』）

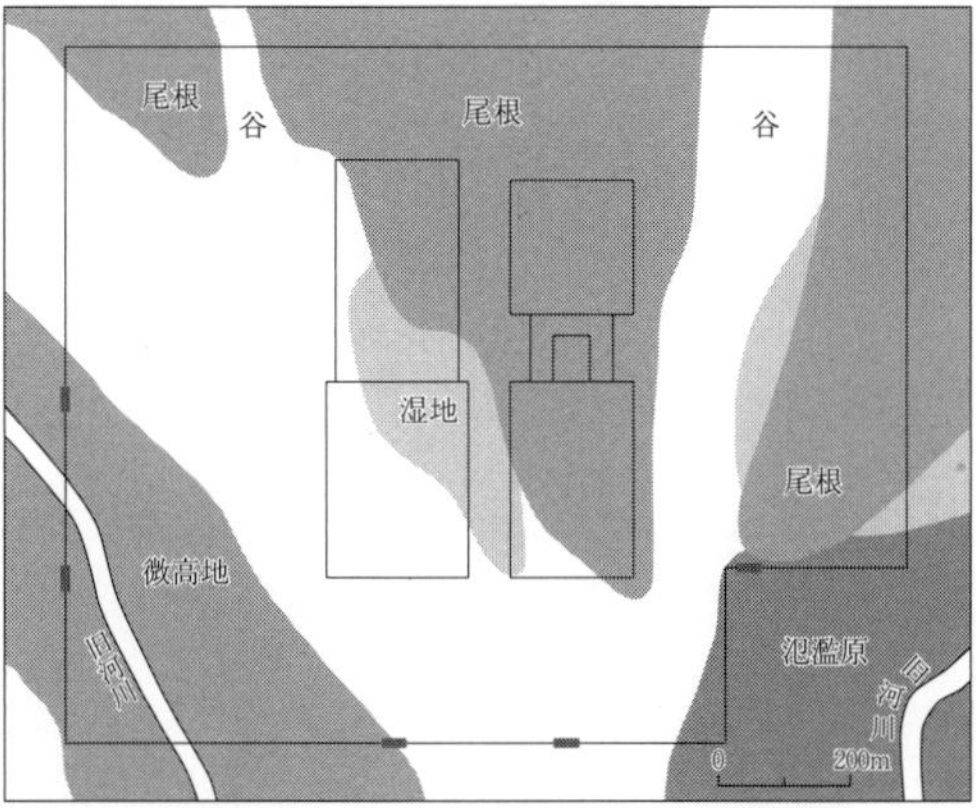

図 21　平城宮敷地の旧地形推定図（渡辺晃宏『日本古代国家建設の舞台　平城宮』）

東宮を含むこの張り出し部には東門があり、不比等邸への通用門の機能を果たします。門の名は県犬養門《あがたのいぬかい》。管理したのは不比等の後妻、県犬養三千代の一族でした（義江明子『県犬養三千代』、**図20**）。東宮と不比等邸は指呼の間にあり、そのことが目に見えてあきらかなのでした。

平城京遷都は七一〇年。首親王はこの時十歳。慣例どおり首は、母の実家である不比等邸で育てられました。そこで育つ首がやがて東宮入りを果たすのは既定の事実である、そのことがだれの目にもわかるようになっていたのです。無言のうちになされた、しかし抗いようのない確たるアピールでした。

そして四年後、首が東宮入りした暁には、東宮と不比等邸は最短で行き来ができ、皇室と藤原氏の一体的関係はだれの目にもあきらか。藤原氏にとってまさに願ったり叶ったりの設計になっているのです。

もし持統が存命なら、ここまでの専横はけっして許さなかったでしょう。もっとも持統は、平城京への遷都自体を認めることはなかったでしょうが――

†政治的意図が込められた都市設計

不比等邸と東宮を隣り合わせにする意図はわかります。しかし、それにしてもなぜ、東宮のゾーンが平城宮の整った正方形の輪郭を崩して東に張り出すのか？　わざわざ張り出さなくても両者を近接させることはできるではないか？

この問いは歴史学で議論になっています。京都大学の吉川真司教授は「平城京のかたちはあまり美しくない」といい、「張り出し部が必要になった根本的理由」を考えなくてはならないとしています（『天皇の歴史2　聖武天皇と仏都平城京』）。

しかし設計の観点から見れば、答えはそうむずかしくはないように思われます。その理由は二つ。地形上の理由と政治的な理由です。

地形上の理由から述べますと、平城宮は東南の隅部を欠き取られた形で東に張り出していますが、既に述べたようにそこは氾濫原だったところ。整地しても水はけがよくないことが懸念されました。それでこの箇所を宮外にしたと考えられます。その結果、平城宮東南の隅部が欠け、張り出し部が出来ました。

政治的な理由としてつぎのことがあります。

正方形の輪郭をくずして東宮ゾーンを張り出すのは、東宮と不比等邸の連続的で一体的な関係を強調し、目に見えるかたちでアピールするためです。設計とは機能を満たせばそれでよいというものではありません。この場合でいえば、いま述べたばかりですが、だれが見ても一目でわかる政治的意味をかたちで示したのです。首親王の東宮入り、即ち、その立太子は既定の事実であることを――

配置図を見る限りでは確かに「美しくない」かもしれません。しかしそれは上空から見た姿。勿論当時は航空写真もドローンもありませんから、理念上の姿といっていいでしょう。既に述べたように、藤原京は上空からの視線を偏重しました。これに対し平城京は、地上における視覚的効果を徹底的に優先したのです。

総合しますと、藤原京が抽象的コンセプト、つまり理念や思想を偏重したのに対し、平城京は地形条件を考慮したうえで、政治的実利および視覚的効果を優先しました。リアリズムに徹したのです。

実際に平城宮を正面から見た場合を想像しましょう。そうすると「美しくない」という心配は当たらないことがわかります。というのは、東に張り出し部があっても東南の隅を欠き取っていますので、京のメインストリートである朱雀《すざく》大路の突き当りに位置する朱雀門から、きちんと左右対称に築地塀が同じ長さだけ伸びているからです。つまり、朱雀門を中軸に左右対称を保ち、そのうえで東宮のあるゾーンを東に張り出しているのです（前掲**図19**）。

このようにシンメトリーとアシンメトリーを巧みに織り交ぜ、美観を損ねることなく政治的主張を形に落とし込んでいるのは非常に巧妙です。抜け目のないデザインといえ、狡猾ささえ感じさせます。

†二つある中枢ゾーンの謎

立地条件から平城宮内の建物配置を見てみましょう。

平城宮は北から伸びてくる三本の尾根筋の上に立地していました。尾根と谷の標高差は二〜三メートル程あったようで、尾根頂部を削り、谷を埋めて平地にしていたわけです。しかし宮内全体が一律に平坦になったわけではなく、場所によりかなりの段差が見られたようです（渡辺晃宏『日本古代国家建設の舞台 平城宮』）。

平地にしてしまえばどこも同じというわけではありません。尾根筋上にあった土地は水はけがよく、その分、谷筋にあった土地は湿りがちになります。こうした特性を考慮して三本の尾根筋のうち中央と東側の二本が選ばれました。中央の尾根に大極殿と内裏、東側の尾根に東宮と不比等邸が配されたのです（前掲**図21**）。

平城宮には中枢ゾーンが二つあり、東西二列に並んでいたことが発掘調査の結果、わかりました。大極殿のゾーンの東隣に内裏のゾーンがあったのです（前掲**図20**）。

なぜ中枢ゾーンが二つも東西に並んでいるのでしょうか？

この謎を解くには、奈良盆地を南北に貫く大道に注目する必要があるようです。

†中軸としての朱雀大路と地形条件――新説の提示

あたらしい都平城京を奈良盆地全体の中に位置づけてみましょう。

奈良盆地には南北に走る三本の古代道路があります（西から下ツ道、中ツ道、上ツ道）。これらは七世紀半ばには敷設されていたようです（図22）。

平城宮正面の朱雀《すざく》門に向って伸びる朱雀大路は平城京のシンボルロードですが、じつはこれは既存の下ツ道に合わせて設計されていました。想像してみましょう。

――幅二二メートルの下ツ道に立ち、北の平城京に向います。下ツ道から平城京の正門である羅城門《らじょうもん》に至ると、そこから幅七五メートルの朱雀大路がはじまります（前掲図19）。この幅員は唐の首都長安の「朱雀街」の丁度半分になっており、手本にしていたことがわかります（井上和人「古代遷都の真実」）。長安の半分とはいえ、このだだっ広い空間を四キロ近く進みますと朱雀門の前に出ます。その先には、藤原宮から移築された大極殿がそびえています（前掲図20）。

以上のような位置関係から、平城宮・平城京の中軸ラインをなす、

〈大極殿―朱雀門―朱雀大路―羅城門〉

を既存の下ツ道に合わせる、という条件があったことがわかります。即ち平城宮・平城京の

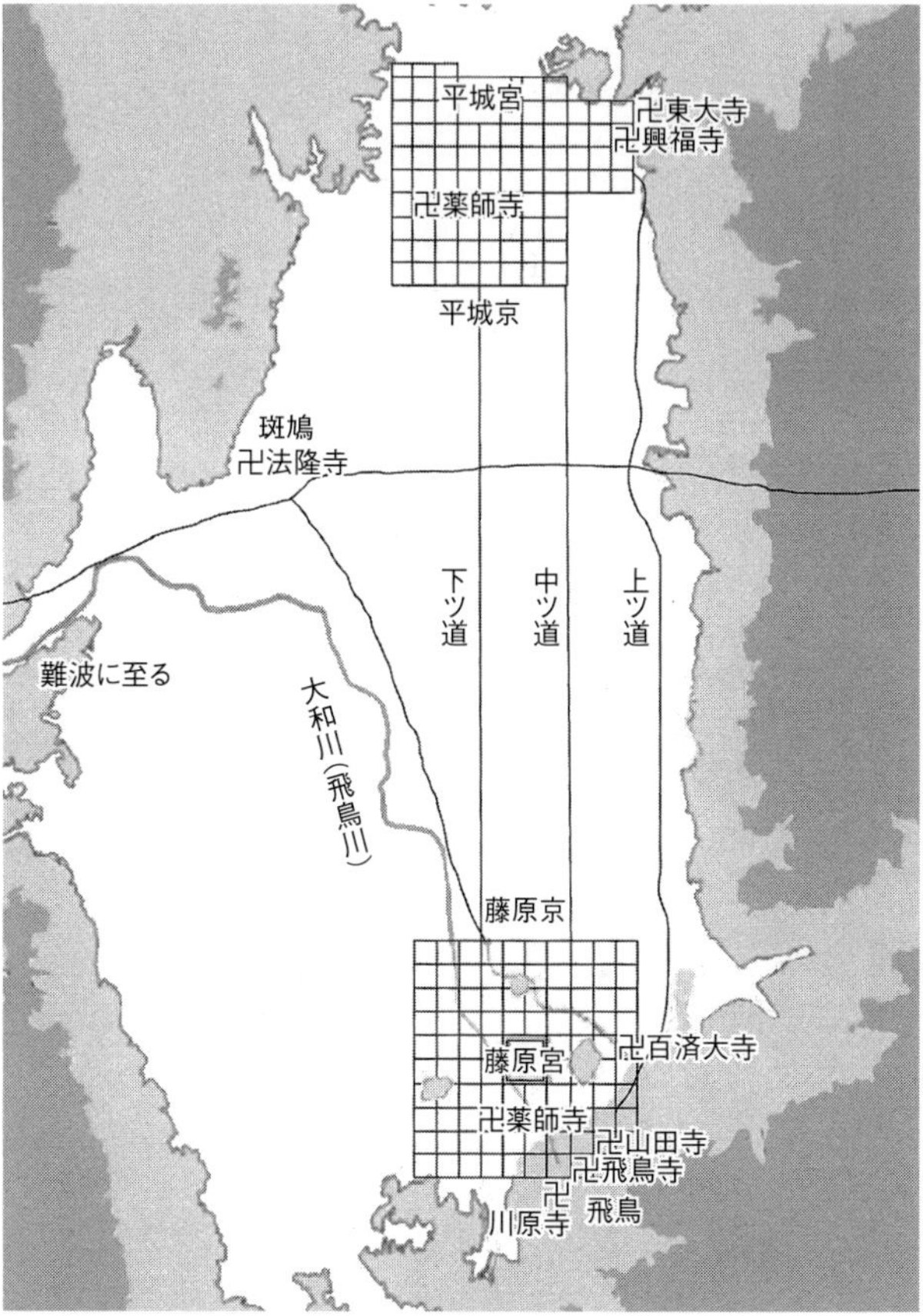

図 22　奈良盆地を南北に走る 3 本の古代道路

中軸ラインの位置は、あらかじめ決まっていたのです。

そしてさきに見たように、三本の尾根筋のなかで最も水はけのよいのが東の尾根筋上でした。不比等はそこに東宮と不比等邸を配します。そうなると、大極殿と東宮のあいだに広大なスペースが空いてしまう。これを埋めるため、大極殿と内裏に大幅な配置変更が起きたのではないか？

即ち、藤原宮では大極殿の北後方にあった内裏を、平城宮では大極殿の東に配したのです。空いてしまった広大なスペースをそうやって埋めたのではないか。その結果、大極殿をもつ中央区、その東隣に内裏をもつ東区、この二つの中枢ゾーンが生まれた――これが著者の考える新説です。

十分な広さを具えていた藤原宮では一つであったゾーンを、なんと二つに分けて東西に拡大したのはあきらかに過剰な設計です。そうみるのは、広大な中枢ゾーンが並列しては、これでは空間をもてあましたろうという建築家としての直感からです。

〈朱雀大路―羅城門―下ツ道〉ラインを基準としたうえで、東に向って高くなってゆく地形に沿って、平城宮も平城京も適地をもとめて東へ、東へと伸びる形をとりました。土地の起伏こそ宮と京の張り出しを生み出した基本条件。これを巧妙に活かして、不比等は平城京をまさに藤原氏の都に仕立て上げるのでした。

従来の定説では、大極殿をもつゾーンとは別に、内裏ゾーンを東側に造ったので、東宮が押し出され、その結果平城宮が東に張り出したとされてきました。それでは原因と結果が逆ではないかとみるのです。

大極殿を核とする中央区では、礎石建ちで重厚な瓦屋根の大陸様式の建物が建ち並んでいました。これに対し内裏を核とする東区では、掘立て柱に檜皮葺きの屋根をもつ従来方式の建物が並びました（但し奈良時代後期に改変）。

中央区は外国使節の目を意識した儀式重視の大陸様式。東区は天皇が住まう内裏にふさわしい在来様式。ここで日常的な政務もおこなわれました。

二つのゾーンの性格に応じて二つの建築様式を使い分けています。このこと自体は「中国」と「日本」の二本立てという持統王朝の方針がさらに明確になったといえます。

＊　＊　＊

藤原不比等が主導した平城京遷都。

その真の狙いは持統「双系」王朝の都である藤原京を棄て、不比等の曾孫であり孫である首親王が立太子するあたらしい都を造ることでした。
　そこでは首の育つ不比等邸と藤原宮内の皇太子の宮が指呼の関係になるよう設計されました。大規模建築の配置という動かしがたい現実によって首の立太子を前倒しし、事前に既成事実をつくってしまうのでした。首が皇太子となり、やがて即位すれば、

〈草壁―文武―首（聖武）―〉

という男系男子のあたらしい皇統が成立します。自ずと〈アマテラス＝持統〉王朝は後景に退きます。天皇家に男系継承が確立してこそ、藤原氏はそこに自家の娘を送り込むことができるのでした。

――平城京遷都はまさに「男系」継承確立への道だったのです。

第五章

「男系」継承の樹立と〈持統王朝〉の終わり

平城宮歴史公園に復元された大極殿（奈良県奈良市。Photo PIXTA）

持統上皇の没後、皇位は孫の文武天皇、そしてその母であり天智の娘（持統の異母妹）である元明天皇へと引き継がれました。そのなかで終始リードしていたのが臣下、藤原不比等であったことを前章で見ました。

最大の成果といえる平城京への遷都をやり遂げた不比等にとって、思いもかけない事態が発生します。元明の孫で不比等の孫でもある首《おびと》親王が立太子にむけて準備万端であるのに、元明はなんと首を飛ばし、長女の氷高《ひだか》内親王に譲位するというのです。協議の結果と思われますが、首は予定どおり十四歳で元服して立太子、その翌年に氷高が即位しました（元正《げんしょう》天皇）。

母から娘への継承は前代未聞。どのような立場から見ても女系継承です。譲位の理由は「疲れたから」というのですが、一方で娘の元正を、寛容の心をもち、情け深く、沈着冷静で容貌は美しいとまで激賞します。

母元明のことばを受けて元正天皇は、謙譲の美徳をあえて排し、自信満々、満を持して即位するのです。この時三十六歳。美貌を謳われながら、亡き持統の命に従い、この日のために独身をとおしてきました。

元正の妹には吉備内親王がおり、その夫が、あの長屋王。夫妻は男子を三人儲けていました。吉備は勿論元正と同じ血筋にあり、長屋王との間になした子は元明の皇孫（前掲系図）。十分に即位の可能性があります。

不比等が策を弄して皇太子に押し上げた首親王は母が藤原氏。本章で詳しく述べますが、当時の血統観では首より吉備内親王・長屋王夫妻の子たちのほうが遥かに上でした。

不比等が没し、元正が首皇太子に譲位したころから（聖武天皇、元正上皇）、長屋王は聖武および不比等の息子たち藤原四兄弟となにかにつけ軋轢《あつれき》を生じます。伏流水が地上にあふれ出たかのように——

そのなかで長屋王は女系皇族集団の期待を背負い、精一杯の抵抗を試みました。そこに渦巻くプライド、愛憎、野望、確執、本音と建前——。事態は予断を許さなくなってきます。遂に聖武天皇と藤原氏は兵を大量動員し、皇位後継候補の宝庫をなしていた長屋王家を滅亡させるにいたりました。その結果、持統「双系」王朝は無残にも命運を絶たれるのでした。

最終章となるこの章では、藤原氏の野望が持統「双系」王朝の息の根を止め、これを経て天皇家に「男系」の皇統が樹立されてゆく展開を追います。

1　女系／女性天皇の時代

†排除を経ての立太子

首親王の立太子を期して、不比等は前章に見たような東宮と不比等邸の関係を築きました。しかし、それだけではありません。藤原氏を母にもつ首が即位の要件を欠くだけに、他の候補者の排除に怠りありませんでした。

じつは、宮子と同時期に文武の許に入内していた石川刀子娘《とねのいらつめ》も男子を産んでいました。角田文衞「首皇子の立太子」によれば、石川広成《ひろなり》、広世《ひろよ》の二皇子。ふたりは同一人物の可能性があります。石川は蘇我を改名したもので、実質、蘇我氏とみてよい。

首立太子の前年の七一三年、不比等と妻の三千代が策を弄し、刀子娘は嬪の地位を失います。

さきに述べたように、天皇の母は皇族でなければならないという、暗黙のルールがありました。しかし文武の妻に皇女が配されなければ、皇女ではない妻たちが皇后の座を競う構図に持ち込める、これが不比等の戦略でした。刀子娘から嬪の地位を奪えば、これに連動して、彼女が産んだ男子の立太子が消えます。この時点で皇太子候補は宮子の産んだ首親王一人に絞られました。

不比等らの強引なやり方に、朝廷内には当然、不満や反発はあったはずです。しかし朝廷を牛耳る圧倒的な政治力を前に、なす術もなかったのでしょう。

首を即位させようと、そもそも文武に皇女が配されなかったこと自体、不比等の策だったとみられます。不比等にとって単に皇統が父子直系ならよいのではなく、即位するのは同じ文武の子であっても、藤原の娘が産んだ子、即ち首親王でなければならなかったのです。

翌七一四年六月、念願どおり首親王十四歳の立太子が叶いました。この時、不比等邸を出て平城宮内の東宮に入ったとみられます。二年後に元明天皇の仲立ちで光明子が入内。これで首母方の祖父である不比等は、首の義理の父にもなりました（前掲系図）。首父方の祖母である元明は忠勤を尽くす（ように見える）不比等に絶大な信頼を置き、疑うことを知らなかったようです。

†暗黙の、しかし無視できないルール

首皇太子の即位は既定路線として滞りなく進んでいるように見えながら、しかし越えねばならぬ難問がなお横たわっていました。既に触れたところですが、

天皇の母は皇族でなければならない――

というハードルです。立太子したとはいえ、即位するには、これが無視できないルールであることに変わりはありません。皇族と氏族（豪族）の間には、越えられぬ一線が画されていたのです。

首は藤原不比等の娘の子。だからこそ不比等は首の即位を期しているわけですが、じつは逆に、母親の生まれが藤原氏であることが首即位の最大の阻害要因となっていました。

（藤原氏は皇室と一体となり准皇族化してゆくが、それは、のちに首が即位して聖武天皇が誕生した七二四年以降のこと）

†「娘に譲位する」――不比等があわてた元明のことば

さて、不比等にとって衝撃的な展開が待っていました。

元明天皇が亡き文武の姉、長女氷高内親王に譲位したいというのです。そうなると母から娘へという前代未聞の代替わりであり、女系の女性天皇の誕生になります。おそらくこの時、血統的には自身にも即位の可能性があった長屋王が、蘇我系女性皇族の期待を一身に背負い、氷高の即位をつよく推したのではないか。立太子を予定している首親王がいるというのに――

なぜ予定を変えて、首の伯母が即位するのでしょうか？

譲位前年の七一四年正月、元明は氷高に破格の待遇を与えていました。食封《じきふ》を千戸も増加させたのです。食封とは朝廷から受ける特定数の戸。そこから税収や労働力を得ます。

この年の六月に首親王十四歳が皇太子になりました。

しかし翌年早々には氷高を親王・内親王として唯一人、最高位の一品《いっぽん》としました。こうしたことから、遅くとも七一三年の末頃には、譲位の意思を固めていたとみられます。そして不比等に伝えていたのではないか。

首親王の即位を一年でも早く遂げたい不比等にとって大きな誤算となりましたが、天皇のつよい意思である以上、受け容れざるを得ません。これを呑み込んだうえで、不比等は譲位前年の立太子を挙行したのでしょう。

そして元明は七一五年、譲位の六カ月前に、末娘の吉備内親王の子女を「皇孫」とする勅《ちょく》（天皇のことば）を出しました。

天皇との関係を整理しましょう。

吉備内親王の夫長屋王は天武の孫ですので、夫妻の子は父系では天武の曾孫、母系（女系）では元明の孫（皇孫）になります。現役の女性天皇元明を起点とする女系が優先されて、吉備・長屋王夫妻の子は皇孫とされたのです。第一章で触れたように、大宝律令に「女帝の子もまた同じ」と書き込ませたのは持統の執念でしたが、その規定が活かされました。この場合、「女帝」は元明、「女帝の子」が吉備内親王、「皇孫」はその子どもたち。

出された勅の意味には非常に大きいものがありました。皇孫となれば、即位の可能性がグンと高まるからです。次期後継を予定している姉氷高につづいて、その後の展開も元明は考えていたようです。

それは、首皇太子不測の事態への備えとして、末娘の吉備内親王を介して、首より三歳下の、元明の孫膳《かしわで》夫王に皇位をつなぐ可能性です（膳夫王は吉備・長屋王夫妻の長男）。あるいは首の即位後への備えでもあったのでしょうか。

長女氷高を即位させることにともなう、末娘夫婦への〝置き土産〟。それは姉妹へのバランスを採った配慮に過ぎず、他意はないとする見方もあります。

仮にそうだったとしても、結果として重大な意味をもつこととなりました。この厚遇ぶりは長屋王家の皇位継承権をつよめ、長屋王家の即位への意欲を高めた可能性が大いにあります。それは不比等から見て危険な要素をもっていました。

なお長屋王と氷高内親王との関係で見逃せないことがあります。それは長屋王邸跡から氷高内親王宛の荷札木簡が出土したことです。これ一つで長屋王邸の一角に氷高内親王邸があったとは即断できませんが、長屋王家と氷高内親王のあいだに非常に親密な関係があったことがうかがえます。

（氷高内親王邸は、大路をはさんで長屋王邸の西にあったとみられている）

吉備内親王の子女を「皇孫」とするこの勅にともない、長屋王も〝親王待遇〟に格上げされたとみられます。皇孫の父なら親王というわけです。前述のように長屋王邸跡の発掘現場からは「長屋親王」と墨書された木簡が出土しており、これはこの勅を受けてのことに違いありません。

（「長屋親王」と書かれた木簡は、考古学見地から、七一一年から七一六年の間に書かれたと判明している。吉備・長屋王夫妻の子を皇孫とする勅が出たのが七一五年。木簡が書かれた時期に納まる）

但し前章で述べたように、「長屋親王」という表記は『続日本紀』には一切出てきません。親王待遇であっても親王ではないという編纂者の一貫した態度がうかがえます。また平城宮内から出土した木簡には少数ながら「長屋王」とあり、これが公称なら、前出の「長屋親王宮」「長屋皇宮」などは私的な呼称ではないかともみられています（東野治之『長屋王家木簡の研究』）。

自分たちで勝手に〝親王〟を僭称《せんしょう》していたなら、藤原氏は長屋王家を危険な存在とみなしたことでしょう。

†誰が不婚を強いたのか

前述のように吉備内親王は長屋王とのあいだに三人の男子を儲けました。七〇四年には第一子の膳夫王が生まれたとみられますので、結婚はこの年、ないしはこれ以前。吉備は、六八〇年生まれの元正の四歳下とみられます。生年を六八四年としますと、結婚したのは十代後半から二十歳となります。

ところが、このあとすぐ見るように、即位式で美貌を讃えられる姉の氷高内親王は未婚のままでした。なぜでしょうか？

それは将来、即位する可能性を視野に入れていたから、とみることができます。皇后であった場合を除き、女性が即位するのに、夫や子がいてはむずかしいという実情がありました。女性の場合、当時は十三歳で婚姻が許され、多くは十代半ばから後半にかけて結婚生活に入ったようです。そのような事情のなかで、即位当時三十六歳で未婚の氷高内親王は、妹の吉備内親王と異なり、少女時代から不婚と決められていたのです。

いったい、誰が氷高内親王に不婚を強いたのでしょうか？

それがわかれば、不婚の理由もさらにはっきりするはずです。

氷高内親王、のちの元正天皇は六八〇年、母が二十歳の時に生まれ、母の元明が即位した七〇七年には二十八歳になっていました。妹の吉備内親王は既に長屋王と結婚しており、膳夫王を儲けていました。早くから不婚と決められていなければ、姉の氷高が先に婚姻を遂げていたことでしょう。不婚の方針が十代の少女の決断ではあり得ず、浮上するのは父方の祖母、持統天皇の可能性です。

持統が産んだ唯一人の子が草壁皇子でしたから、持統の孫はかれが遺した三人。即ち、長女氷高（元正天皇）、長男珂瑠（文武天皇）、次女吉備（夫は長屋王）。

持統は後継に珂瑠を考えていましたが、不測の事態に備えておく必要があり、姉の氷高に不婚を課したと考えられます。夫がいては即位に支障を来すからですが、不婚では勿論後継者が絶えてしまいます。それには妹の吉備の子を当てればよい。〈持統王朝〉の行く末を持統はそのように考えていたのではないか。

六八九年に草壁が早逝するや、直ちに持統は孫の珂瑠王への譲位を画策しました。この時、珂瑠七歳、姉の氷高は十歳、妹の吉備は六歳か。草壁が早逝したこともあり、珂瑠不測の事態に備えたことは十分に考えられます。姉を〝血のスペア〟として確保したのでしょう。男女に関係なく、自分の血さえつながればよい持統らしい考えです。

つまり持統の考えは双系継承にありました。

†文武の後継は姉か、母か

文武が二十五歳で早逝した時、姉の氷高は二十八歳。亡き持統の考えに従えば、氷高が即位すべきケースでした。しかしここで不比等は持統とは大きく異なる判断をします。文武の後継を姉の氷高ではなく、母の阿閇としたのです（元明天皇）。

当時、即位するには三十歳前後から上というのが暗黙のルールでしたが、年齢だけなら、文武が異例ながら十五歳で即位したことを考えれば、氷高に問題はなかったはずです。しかし文武には持統上皇という絶対的権威が強力な後ろ盾となっており、というか、実質的に仕切っていました。

ところがこの時氷高が即位しても、上皇はおらず、また政治経験もありません。そういう点で即位に躊躇するところがありました。不比等の進言によりこの時は母元明の即位となりましたが、八年が経ち、元明上皇の下、出番を待っていた未婚の女性天皇元正がいよいよ登場するのです。持統上皇の敷いたレールに乗って——

〈持統王朝〉のリニューアル・オープンです。

†元正即位をめぐる構図

元明が長女氷高の即位をつよく推したのは、即位のために少女時代から不婚を強いられてきたのに、それが報われなかったら不憫《ふびん》だ、との思いがあったのでしょう。

ここでも大宝律令に書き込まれた「女帝の子もまた同じ」という規定が、母から娘への譲位をスムースにしました。この場合、「女帝」とは勿論元明、「女帝の子」は氷高内親王です。再説しますが、首皇太子の母宮子は臣下藤原氏の出であり、皇族ではありません。

これに対し、妹吉備内親王の夫長屋王の父は天武の長男高市皇子、母は天智の娘御名部内親王。長屋王・吉備内親王夫妻には三人の男子「皇孫」がいました（膳夫王・葛木王・鉤取《かぎとり》王）。長屋王は妻の内親王（女系）を介して、持統の血筋を三人の息子につないでいました。〈持統王朝〉の観点からすると、首にも膳夫王にも持統の血は同じ濃度でながれています。母が皇族でない首皇太子より、吉備内親王を母とする膳夫王のほうが血統において格段に上であり、藤原氏がもとめる「草壁皇統」（＝父子直系、第四章）の条件さえ外せば、むしろ皇位に近い位置にあるといえます。膳夫王の二人の弟も同様です。

このように双系的に見ますと、長屋王家は後継候補の宝庫の観をなしており、元正は不婚でありながら、その即位は妹吉備を介して長屋王家に即位の道を大きく開くものでした。かれらは不比等が最も警戒する皇族集団だったのです。

もし元正天皇の後継に長屋王がなった場合、その次に膳夫王が即位する道が開けます。長屋王が即位せず、直接膳夫王につなぐ可能性も十分にあります。また元正の後継に首がなった場合でも（聖武）、その次に膳夫王など三兄弟に即位の可能性が残るのでした。持統「双系」王朝がまだまだつづくのです（前掲系図）。

†満を持して即位する女系女性天皇

七一五年、八年余の間皇位にあった元明天皇は、藤原京から移築された平城京大極殿にて長女氷高内親王に譲位します（元正天皇、三十六歳）。皇后経験のない、未婚の女性天皇の即位は史上初めて。勿論、〈母から娘へ〉と女性間で皇位が継がれたのも初めてです。元明天皇譲位の詔を聞きましょう（『続日本紀』）。

「今、精華ようやく衰へて耄期《もうき》ここに倦《う》み、深く閑逸《かんいつ》を求め」

五十五歳の天皇が体力も衰えて、もう疲れたと言います。

「因りてこの神器を皇太子に譲らむとすれども、年歯《よわい》幼く稚《わか》くして深宮を離れず」

一年余り前に首親王は立太子を済ませていました。その首に皇位を譲ろうと思うものの、かれは未熟であり、即位するにはまだ早いと言います。かなりズケズケと遠慮のない、率直な言いようです。その首にくらべて我が娘の氷高内親王は、

「早く祥符《しょうふ》に叶ひ、つとに徳音を彰せり。天の従《ゆる》せる寛仁、沈静婉孌《えんれん》」

天皇としての適格性を強調したうえで、寛容の心をもち、情け深く、沈着冷静で容貌は美しいとまで激賞します。元明譲位のことばに応えて、新天皇元正はつぎのように即位の詔を発します（『続日本紀』、傍点著者）。

「朕、謹みて譲りの命を承《う》けて、敢えて推し譲らず」

高い品性と類稀な美貌を賞讃された氷高は、前天皇から譲位の意を受けて、まずは辞退するという謙譲の美徳を排し、よろこんで即位すると宣言します。自信満々、満を持しての即位。〈持統王朝〉のプライドがなせる業でしょう。

父は即位前に早逝した草壁皇子、母は元明天皇ですから、元正はまぎれもなく女系で即位し

ました。父は没後に〝天皇待遇〟を受けているとはいえ、即位していない父よりも即位した母との関係が優先されるのが道理です。女系による継承は既に大宝律令で公認されていましたから、これに裏付けられた堂々の即位です（吉備内親王・長屋王夫妻の子らが女系で「皇孫」とされたのも同じ考え方）。

実際、元正即位の詔には天智も天武も、文武も首も出て来ません。出てくる天皇は〈譲位――即位〉の関係にある元明のみでした。

†女系女性天皇の複雑な胸の内

しかし『続日本紀』によれば、その九年後、七二四年に即位した聖武天皇の宣命では、元正は元明から、次は「不改常典」に従って弟文武の子、首皇太子に譲るよう命じられていた、ということばが出てきます。

ところが、そのことは元明譲位、元正即位の詔には全く出てきません。既に皇太子になっており、即位して当然の首について「年歯幼く稚くして」とネガティブな評価を述べるのみなのです。「不比等とは、首につなぐ取り決めになっているのですよ」と母から言い含められても、元正には、それだけでは終わらない気持ちがあったのではないか。

元正から首（聖武）への譲位は藤原氏の要求であり、元明も将来、孫に譲位したいと思っていたでしょう。そのことを即位する娘に伝えていた、と聖武の即位宣命はいうわけです。娘の元正はこれを呑み込みながらも、甥である首皇太子への譲位の後は、妹吉備内親王が儲けた膳夫王ら「皇孫」に即位させることができたら、との気持ちを抑え難く抱いていたようです。あるいは、首より膳夫王のほうが——、という気持ちがあったのかもしれません。

それは〈藤原ダイナスティ〉を避け、〈持統王朝〉の永続を願うことでもありました。

†天皇となって見えてきた別の道

通説では、元正は皇位を弟の文武から甥の首皇太子につなげるための、元明につづく二番手の「中継ぎ」と見なされています。実際、首皇太子は聖武天皇として即位しました。従ってこれまでの十七年間、二代にわたる女性天皇は、男系男子の皇統を守るための便法だったという話は、「万世一系」を前提にすると大変わかりやすいでしょう。勿論不比等はそのように持ってゆこうとしていたわけです。

反面、〈元明—元正—〉と二代にわたる十七年間には「中継ぎ」の一言では済まされない重みがありました。特に元正が母元明とは異なる願望をもっていたとしても不思議ではありません。

元正には、自分が不婚でも妹の吉備内親王を介して「皇孫」とされている三人の子に皇位をつなげる道がありました。首が皇太子になっていますから、無理のないのはその次の展開です。長男の膳夫王、さらにはその弟たちの即位にリアリティがありました。

一方、皇太子になったものの、皇族でない母をもつ首の即位は暗黙のルールに反することに変わりはありません。不比等の政治力によって強引に立太子したものの、蘇我系を中心とする反藤原勢力の不満や反発は消えていません。その点、長屋王家の面々は血統的に即位の要件を十分に満たしていたのです。

政務をなすに当たって元明天皇は不比等に依拠するところが多く、娘の元正天皇もこの点に関しては同様であったでしょう。しかし代替わりに関しては、いまみたように、元正と不比等の間には、目に見えぬ大きな溝がありました。

七一七年に皇太子妃の光明子が懐妊しますが、そのころの元正天皇の行動を『続日本紀』に見ますと、微妙な心理がはたらいていたことがわかります（勝浦令子『孝謙・称徳天皇』）。

男子誕生が期待されているさなか、七一七年から翌年にかけて、元正は二回にわたって美濃行幸を敢行します。

七一八年の十一月、霊亀《れいき》から養老に改元した詔のなかで元正は行幸を振りかえり、滞在した多度山の美泉により肌が滑らかになったと、ことさらに自身の美と健康を強調し、自信をみなぎらせるのです。そこまで口に出すとは、異様といえば異様。もし光明子が男子を出産したなら、首即位の機運が高まるのは必定。自分は在位をつづけたいと、健在ぶりを懸命にアピールしているのです。誕生したのは女児（のちの孝謙）でしたので、皇位にあることを望む元正にとってはひとまず安堵できる結果となりました。

†女系女性天皇に献上された『日本書紀』

『日本書紀』が七二〇年、元正天皇に献上されました。国家形成の過程を記す正史であり、現代でいえば公文書です。編纂の最終統括者は藤原不比等でした。

『日本書紀』は初代神武からはじまる王統を全て「男系」の衣をまとわせて書き上げ――幕間で見たように、多くのほころびは隠しようもなかったのですが――、同時に、大王だった時代も全て「天皇」と書き換えました。明治憲法にいう「万世一系」を『日本書紀』の編纂時点で打ち出したわけですが、それが藤原不比等の欲する天皇制のかたちでした。

そこまで深い不比等の意図に気づくことなく、元正天皇は献上された『日本書紀』を静かに受け取るのでした。

（『古事記』は元を明らかにしたと諡号された元明朝に、『日本書紀』は元を正したと諡号された元正朝に献上された）

2　藤原氏に包囲される天皇の座

†不比等の没後に残された難題

『日本書紀』の完成を見届けて七二〇年、藤原不比等は首皇太子の即位を見ることなく、六十二歳で没しました。この時、首も光明子も、ともに二十歳。

天皇家に喰い込み、未来永劫にわたって藤原氏が栄えるために何をなすべきか？　言われるまでもなく、遺された妻三千代はじめ四人の息子たち（武智麻呂《むちまろ》、房前《ふささき》、宇合《うまかい》、麻呂。「藤原四子」と呼ばれる）は十分にわかっていました。

前章の冒頭近くで不比等の目標を三つ挙げました。そのうち生前に実現したのは七一四年の首親王の立太子、そして七一六年の首と光明子の婚姻のみ――

首の即位は七一五年の元正即位によって阻まれ、なお皇太子にとどまっていました。従って光明子の立后はまだ先のことでしたし、この時点でふたりに生まれた子は阿倍内親王一人でした（七一八年生）。従ってつぎの課題が四兄弟らに残されました。

（1）不比等の孫の首皇太子を即位させる（聖武天皇の誕生）
（2）不比等の娘の光明子を夫人《ぶにん》から皇后に格上げする（光明皇后の誕生）
（3）ふたりの間に生まれた子を天皇にする

以上の三点でした。しかし、それぞれにむずかしい問題を抱えていました。目の前にある課題はつぎの（A）と（B）になります。

（A）皇族出身でない母（藤原宮子）をもつ天皇は、当時の不文律に反する
（B）皇族出身でない妻（藤原光明子）が皇后になるのは大宝律令に反する

（A）については不比等が生前中に首を皇太子にしており、反発はあるものの既に六年が経過して既成事実となっていました。即位への道筋は見えていたといえます。あとは元正天皇がいつ皇太子の首に譲位するのか、タイミングの問題になっていました。

問題は後者の（B）です。首と光明子は共に不比等邸で育ったという既成事実の積み上げは、将来の婚姻を約すものであっても、皇后になることまで保障しません。四兄弟の異母妹にあたる光明子の立后には、なお高いハードルがありました。

不比等が没した翌年、朝廷では長屋王が右大臣に任命され、同時に藤原武智麻呂《むちまろ》と房前《ふささき》も昇格し、人事のバランスが図られました。高齢の左大臣のもとでの右大臣でしたから、長屋王は朝廷の実質ナンバーワンであり、歴史学では「不比等政権」から「長屋王政権」になったともいわれます。元正天皇の意に沿うものでした。

七二一年、死期を覚った元明上皇は枕頭に長屋王と藤原房前を呼び寄せ、後事を託して六十一歳で没しました。皇親（皇族）勢力と藤原氏の関係が最後まで心配だったのです。元明上皇の崩御は娘の元正天皇に、甥の首皇太子に譲位する潮時を告げるものとなりました。

このころの元正は、〈持統王朝〉の祖である持統への追慕の念をなおつよく抱いていたようです。それは持統のために釈迦像を造るよう命じた詔にあきらかです。同じ詔のなかで天武のためには弥勒像を命じていますが、持統が優位にあるのはいうまでもありません。

藤原不比等、元明上皇の相次ぐ逝去により重石が外れ、朝廷は流動化し波乱含みの展開を見せはじめます。

†聖武の即位と父子直系の企み

七二四年、遂に元正天皇が首皇太子に譲位し、自身は上皇となりました。聖武天皇の誕生です。この時二十四歳。タブーを破り、臣下を母にもつ天皇が初めて生まれました。母が皇族でないという弱点を抱えながら、これを克服したのです。けっしてあきらめなかった藤原氏の執念が実りました。

この時、自身にも即位の可能性があった長屋王四十九歳は左大臣となり、名実ともに朝廷ナンバーワンとなりました。

（実際には上位に、天武の皇子で高齢の舎人《とねり》親王が知太政官事《ちだいじょうかんじ》として存在していた。太政官を統括する役職だが、多分に名誉職的だった）

同時に吉備内親王は二位に昇格し、長男の膳夫王が初めての官位を授かりました。任官の最小年齢である二十一歳になったのでしょう。

首が皇太子として過ごした十年という既成事実に鑑み、長屋王は、ここはあえて事を構えず、聖武以後に照準を合わせます。即ち、長男膳夫王に即位のチャンスが来る時を見据えるのでした。聖武には阿倍内親王が六年前に生まれていましたが、男子にはまだ恵まれておらず、予断を許さない状況がつづきます。

既に述べたように文武即位の詔、そして元明即位の詔は、宣命のかたちをとっておこなわれました。この場合、官僚が作為を施しやすくなるといえます。特に持統没後になされた元明の即位宣命に不比等の意思が入りやすくなったことは否めません。

しかし元明が元正に譲位した時は、間接的な物言いになる宣命のかたちをとらずに、まず母による譲位の詔があり、これを受けて娘による即位の詔がありました。あえて直接自分のことばで語ったのです。それだけ本人たちの熱がこもっていたわけですが、意図して不比等の介入を許さないやりかたを採ったといえます。

ところが聖武の即位式では、官僚が宣命を代読するかたちに戻りました。文武、元明即位時の再来です。まず元正が聖武に語り掛けることばからはじまります（『続日本紀』）。それは間接話法の極みというべき屈折したもの。内容を要約しますと、

「汝（聖武天皇）の父である文武天皇は皇位を汝にお授けになった」

「ところが汝が幼かったので、文武天皇は母（元明天皇）に皇位を渡された」

「元明天皇は私（元正天皇）に皇位を授けられた際、つぎのように教え諭された」

ここで元明が元正に語ったとされることばが引かれます。

「天智天皇が定められた不改常典に従って皇位を首皇太子（聖武天皇）に授けなさい」


このような次第で今、私（元正天皇）は汝（首皇太子）に譲位する、というのです。

九年前の元明譲位の詔では、首皇太子はまだ幼いからと、譲位できない理由を述べるだけでした。これを受けての元正即位の詔は首に触れるところが全くありませんでした。

ところがこの聖武即位の宣命では、「文武が息子の聖武に皇位を授けた」「聖武が幼かったので、文武は元明に皇位を渡した」「元正は首に譲位するよう元明に言われていた」と、いわば〝後出し〟の話をしています（義江明子「持統王権の歴史的意義」）。

「文武が息子の聖武に皇位を授けた」としていますが、そのような意思があったとしても事実ではありません。あきらかに父子直系（＝男系男子）の樹立を図る藤原氏の言い換えです。

思うに元正は、首に譲位するのとは違う、別の道筋を視野に入れていたのではなかったか。既に述べたように、「皇孫」であることが明確になった、妹吉備内親王の子への譲位です。それは藤原氏の介入を許さずに〈持統王朝〉を永続させる道でした。

†後景に退く〈持統王朝〉

また聖武即位の宣命では、王朝の始祖であるはずの持統には全く触れません。持統王朝は命脈を保ってはいるものの、後景に退いています。いや、無視されているというのが実態でしょう。代わりに「不改常典」が再登場して、父子直系の継承が前面に押し出されています。

こうなりますと亡き元明のみならず、元正までもが「男系男子」を実現するための「中継ぎ」であったことになってしまいます。聖武即位という結果からさかのぼり、文武から聖武への父子直系の継承を後出しする藤原氏の論理、その専横ぶり。どうすることもできない自らの非力——

譲位の場に臨んで元正は、苦く複雑な思いを嚙みしめたことでしょう。それでもなお聖武後継にむけて、妹吉備内親王と長屋王の子、甥の膳夫王の即位に一縷《いちる》の望みを託していたのかもしれません。

この聖武即位の宣命はおそらく藤原四兄弟によるもので、中納言となっていた長男武智麻呂が中心になって起案したのでしょう。「不改常典」は元明即位の際に初出しましたが、元正の即位の際には出てきませんでした。

それが元正譲位、聖武即位の宣命において息を吹き返しているのです。元正はなす術《すべ》もなく追い込まれました。

†〈伯母―甥〉を〈母―子〉に読み替える

元正と聖武は〈伯母―甥〉の関係にあります。それにもかかわらず、宣命において元正は聖武を「我が子」と呼び、聖武は元正を「王祖母《おおきみみおや》」と呼んでいました。擬制的に〈母―子〉の関係に読み替えているのです。なぜでしょうか?

これまで繰りかえし述べてきたように、当時皇族でない女性が母では天皇になるのは無理でした。聖武の母は藤原宮子ですので、これでは天皇として通用しません。実際そのような反発もありました。東大寺の大仏を造立した聖武は現代の我々から見て非常に存在感のある天皇ですが、じつは当時の即位要件を欠く天皇だったのです。

なにがなんでも首を天皇にする――

そのために藤原氏が取った戦略は、伯母の元正を擬制的に〝母〟と見立てることでした。当然聖武は〝子〟であり、ここに〈母―子〉の関係を擬制的に成立させます。実際、氷高（元正）は首（聖武）の養母だったとの見方もあります。こうやって藤原氏は聖武の即位を強引に実現するのでした。

聖武の即位によって藤原氏は自らの主張を朝廷内で確立しました。皇族でない母をもつ天皇が生まれた事実は非常に重く、逆に、宮子が天皇の母になったことにより、藤原氏は准皇族の立場を得ることになりました。まさに〝勝者の論理〟です。

天皇を「男系男子」で通し、そこに藤原の娘を継続的に入内させて天皇を生み出してゆく、という大方針――

その第一歩が踏み出されました。これは、いわば藤原氏の〝勝利の方程式〟というべきもの。これを成立させるには、天皇家に「男系男子」の継承原理を確立することが必須なのでした。

（天皇家に「男系男子」の皇統が樹立されてゆく過程そのものは、まさしく「双系」をなしていた。〈持統王朝〉がこれにあたる）

勿論、朝廷における藤原氏の力は諸事にわたって卓越しており、天皇が頼る面が大いにありました。その一方で、天皇家を搦め取らんばかりの勢いで迫る藤原氏の専横ぶりに対し、元正には天皇としてのプライドが許さない、という本音が拭い去りがたくあったのではないか。聖武は甥ではあるが、血統的にも政治的にも藤原氏に囲まれていました。元正天皇が危機感を抱いたとして何の不思議もありません。

不比等の存命中は、長屋王を代表とする皇親勢力と藤原氏とは直接衝突することのないよう、絶妙のバランスで推移してきました。懐柔策として、さきに触れましたが、不比等は娘を長屋王の側室に入れてもいました。

しかし不比等の没後になりますと、藤原氏も長屋王も、行動は先鋭化の一途をたどります。

†勝者の主張に囚われていないか

〈持統王朝〉が持統を始祖とする双系王朝であることは既に述べたとおりです。始祖たる持統天皇につづく文武天皇はまぎれもなく女系の天皇でした。文武の没後に〈―元明―元正―〉と女性天皇が母子で二代、十七年つづきました。これなどは〈持統王朝〉を想定しなくても、元正で女系化したといえます。

藤原氏の粘りづよい奮闘により、ようやく聖武が即位しました。〝勝者〟藤原氏の立場から

「男系男子」の系譜をたどると、さきに触れた護身用太刀、黒作懸佩刀《くろつくりかけはきのたち》の伝世譚がいう〈草壁―文武―聖武〉となります。そこでは女性天皇持統、元明、元正の存在が捨て駒のように扱われています。これを「中継ぎ」というのでしょうが、すくなくとも持統と元正に関しては不当です。

また草壁を天皇であったかのように扱うのも、父子直系を主張する藤原氏の立場からはそうしたいのでしょうが、強引極まりないものです。そもそも天皇でなかった草壁を起点として〈草壁―文武―聖武〉を打ち出し、これを父子直系継承とみなすのは、あくまで藤原氏の主張です。勝者の論理で後付け、実態を糊塗《こと》していないでしょうか？

いうまでもなく歴史は勝者と敗者、表と裏の両面からみる必要があります。

再三触れる「女性天皇はいても女系天皇はいなかった」という話は藤原氏の主張をまるごと鵜呑《うの》みにしているようなものです。勝者たる藤原氏の主張に呑み込まれてしまっては、歴史を直視する姿勢といえるのか疑問です。

さて聖武が即位してからは、藤原氏は〈父子直系〉路線を確かなものにしようと、聖武夫人の光明子が男子を出産することを期します。

冷静に見るならこのあたり、女系と男系がくんずほぐれつ、攻守ところを替えて、トータルには双系の様相を呈します。男系を構築せんとする藤原氏、女系に依拠する長屋王家という対立の構図がはっきりとしてきました。

3 聖武・藤原氏と長屋王の確執

†「皇」の字にこだわる長屋王

ようやく聖武天皇が実現しましたが、生母の藤原宮子をどう呼ぶか、という問題があらたに浮上してきました。天皇の母を大宝律令では「皇太夫人《こうたいぶにん》」と定めていますが、宮子は皇族ではないため、「皇」の字の使用がはばかられたのです。

宮子の出自は首即位の大きな障害になってきましたが、そこは十分な時間をかけて、着々と既成事実を積み重ね、藤原氏の力で押し切りました。しかしこの難題は即位後も付いて回ってきたのです。

即位の日早々に、聖武天皇は母の呼称を「大夫人《だいぶにん》」とするとの勅を出しました。

これに対し左大臣長屋王が疑義を唱えます。大宝律令によれば天皇の母は「皇太夫人」のはず、というわけです。図らずも（?）聖武の出自の弱さがさらけ出されてしまいました。

聖武と藤原氏にとって深掘りされたくない問題であり、メンツを潰された格好です。調整の結果、文書では皇太夫人と記し、口頭では「おほみおや」と呼ぶ、との詔書を出し直し、窮余の一策で落着。結果的に聖武の母は「皇」の字を得ることができましたが、一方でほろ苦さをともなうものとなりました。

近年では聖武は「皇」の字を得たのだから、長屋王との間になんのわだかまりも残らなかったという見解が歴史学に多いようですが、それは実利に走った合理的な解釈でしょう。感情の機微はまた別なところにあったのではないでしょうか。

いずれにせよ、この件に限らず、漢籍、法令に通じた長屋王は天皇および藤原氏にとって、扱いにくい厄介な存在であったのです。

✝波乱呼ぶ立太子

七二七年閏《うるう》九月、聖武夫人の光明子が亡父不比等邸で待望の男児を出産しました（基《もとい》王、藤原氏濃度四分の三）。次の皇位を固めてしまおうと、父の聖武は前代未聞ながら十一月、なんと生後一カ月の乳児を皇太子とする詔を出します。他に皇位は渡さないという、つよい意思のあらわれです。勿論藤原氏に進言されてのことでしょう。

当時、立太子の最年少記録は首（聖武）の十四歳でした。乳児の立太子は全く前例がありません。あまりに乱暴というしかありませんが、男子の誕生で念願がついに叶った天皇と藤原氏の喜びが沸点に達したということでしょう。

光明子を母とする基王の立太子は、宮子を母とする聖武天皇と同じパターンです。即ち天皇も皇太子も共に藤原氏の子ですから、皇族でない母をもつ天皇が二代続くこととなります。しかも宮子と光明子の父は藤原不比等（前掲系図）。これが実現すれば、藤原氏自体が皇族化したともいえるでしょう。

母が皇族でないことに負い目を抱きつづけてきた聖武天皇はここで開き直り、反転攻勢に出たといえます。皇族の母をもつべきとはもはや過去のルール、これからは藤原氏を母にもつ天皇こそ誇れる天皇なのであると。

聖武天皇の夫人には県犬養広刀自《ひろとじ》もいて、じつはこちらも出産を間近に控えていました。男児が生まれたら厄介なことになる、その前に基王を立太子させて既成事実をつくってしまえ、という藤原氏の焦りがありました。広刀自はこの年の十二月に安積《あさか》親王を出産しました。基の立太子を済ませておいてよかったと、藤原氏は胸をなでおろしたことでしょう。

しかし、あまりに性急な立太子の動きに、長屋王は拒否反応を示します。そもそも聖武の次に自分の息子の即位を考えていたとすれば、基王の立太子はその芽を摘むもの。聖武と藤原氏の〝早い者勝ち〟とでもいうようなやり方は到底容認できませんでした。

長屋王は否認の意思を明確に表します。行動しないことによって――

†祝意を表さない左大臣

立太子から二週間程が経ち、大納言以下、高官たちが揃って基王の生まれた皇后の宮（＝旧不比等邸）を訪れて皇太子に拝礼し、祝賀を申し述べました。立場上、本来なら朝廷トップの左大臣長屋王が率いてゆくべきところです。しかし長屋王は敢然とこれを拒否しました。

左大臣が来ないとは――

幼児の立太子に対する強烈な態度表明です。まして長屋王は、父が〈持統王朝〉の太政大臣、母も妻も内親王という、並ぶものなき血統を誇ります。成人に達している息子たちは既に「皇孫」の立場を得ており、即位の可能性が十分にあります。

その長屋王が放った無言の抗議の矢――

その矢は天皇と藤原氏の胸の奥深くまで突き刺さりました。抜き差しならぬ事態に朝廷は動揺します。藤原氏と長屋王の水面下での暗闘が一気に噴出したのです。

あくまで正論をかざす長屋王、天皇の囲い込みを強化する藤原氏。

両者はのっぴきならない段階に突入してゆきます。

†幼い皇太子の死

ところが、あろうことか一年を待たずして基皇太子が病で早逝しました。天皇と藤原氏の落胆ぶりは想像を絶するものでした。なぜ、こんなことになってしまったのか……、悲嘆にくれる感情は長屋王憎しの思いに転化してゆきます。皇太子は長屋王に呪い殺されたのではないか？　との疑念が膨らみ、とどまるところを知りません。

実際、皇太子の逝去により、皇族集団の宝庫をなす長屋王家の存在感がいよいよ大きくなってきました。憤懣《ふんまん》やるかたない聖武と藤原氏は、長屋王家をこのまま放置しておけない、との念をつよめます。この先、事あるごとに長屋王は聖武と藤原氏の前に立ちはだかってくることは目に見えている。聖武の夫人光明子の立后となれば、大宝律令を盾に反対してくるにちがいない——

天皇と藤原氏はこう思い定めます。長屋王のみならず、その一族全てを、排除すべき危険な存在だと一致するのでした。

†長屋王家の滅亡

七二九年、基皇太子が夭逝して五カ月が経過した二月十日、夜のしじまに包まれた長屋王邸を大勢の兵が音もなく取り囲みました。邸の四周は延べ九六〇メートル程。動員された兵は数百を数えたでしょう。気づかぬうちに包囲され、長屋王家の人びとは捕らえられたも同然です（前掲図17）。

長大な築地塀を取り囲んだのは六衛府《えふ》の兵士たち。彼らを率いていたのは藤原四兄弟の三男宇合《うまかい》。

（衛府とは宮門の警備に当たる役所。大宝律令では五衛府だったが前年に中衛府《なか》が加わる。中衛府の大将は藤原四兄弟の次男房前で、この時は内裏の警護に当たっていた）

いったい、どういうことでしょうか？

この日、つぎのような密告があったというのです。『続日本紀』を引用しますと、

左大臣正《しょう》二位長屋王私《ひそ》かに左道を学び国家を傾けんと欲す

というのです。「左道」とは一般に道教のこと。その呪術性を問題にしているのでしょう。「国家」とは天皇および朝廷のこと。要するに、呪術をもちいて謀反を図っているというのです。密告者は長屋王邸の使用人か出入りの者か。密告を受けたのは藤原四兄弟の末弟、麻呂でした。

それにしても密告から大部隊の動員まで、あまりに迅速な事の運びです。密告の信憑性《しんぴょうせい》を確かめもせず、その日のうちに兵を大量動員するのもおかしなことです。じつは長屋王邸を取り囲む前に鈴鹿、不破、愛発《あらち》の関（三関《さんげん》）を固めていました。

（三関とは平城京を守るための三つの関所。鈴鹿の関は東海道に、不破の関は東山道に、愛発の関は北陸道へと続く道の入口に設けられていた）

長屋王邸は二重に封じ込められました。天皇、藤原氏側の水も漏らさぬ鉄壁の態勢、そして事前の周到な計画がわかろうというものです。

夜が明けて十一日午前十時ころ、藤原四兄弟の長男武智麻呂ら六名の尋問団が邸の南門を開けさせ、長屋王の住む中央の館に乗り込みました（前掲**図18**。尋問団の動きは著者の推測による）。追及は深更にまで執拗につづきます。どう抗弁しようとも、初めから決まっている結論が変わろうはずもありません。

翌十二日、結論が申し渡されました。『続日本紀』によれば、長屋王は「自尽」、吉備内親王、膳夫王ら男子三人、側室石川夫人所生の桑田王、計五人が「自経」でした。

（「自尽」とはふつう切腹をいうが、それは平安時代以降。『日本霊異記』によれば長屋王は服毒自殺。残る五人は首をくくった。それを見届けての服毒か）

†でっち上げだった「長屋王の変」

翌十三日には死者全員が生《い》駒《こま》山に葬られます。その日、聖武が出した詔につぎのような文言が見えます（『続日本紀』）。

> 吉備内親王は罪なし
> 長屋王は（略）その葬《はぶり》を醜《いや》しくすること莫《なか》れ

聖武天皇自ら、長屋王の葬儀は簡素化せずに丁重におこなえといい、また吉備内親王に罪はないといっているのです。ならば吉備や息子たちに死を申し渡すことはなかったはず。妻子全員を死罪にしたのは、彼らに即位の可能性があるからです。

辻褄の合わない言動に天皇の混乱ぶりが窺えます。長屋王家を滅亡に追いやった事の重大さに、命じた本人がおののいているようです。事件の発生から埋葬まで、僅か四日間。最初からシナリオがあり、滞りなく実行されたのです。

ところがなんと『続日本紀』は九年後の記事で、事件が冤罪だったことを認めています。

――密告した男と長屋王に恩義を感じていた男が、互いの経歴を知らぬままに、同じ職場になった。仕事の合間に碁盤を囲んでいた折り、あれはでっち上げ（「誣告《ぶこく》」）だったと密告者がぽろっと漏らした。これを聞いた男は激怒し、密告者をその場で切り殺した。

この事件を歴史学では「長屋王の変」と呼んでいますが、当時からでっち上げであることは周知の事実でした。聖武天皇と藤原氏の権威に影を落とす結果になりましたが、しかしそれでも藤原氏にとって、どうしても実行しなければならないことだったのです。

†皇位継承の分岐点

表面だけ見ますと、「長屋王の変」は頑固で偏屈、驕《おご》り高ぶった一貴族が起こした反乱のように見えるかもしれません。しかし皇位継承の観点から見ますと、じつに重大な事件でした。

まず、この事件は長屋王が起こしたのではありません。天皇と藤原氏が謀反の罪をでっち上げ、皇位後継候補の宝庫である長屋王家を滅亡させた事件でした。従って歴史学が「長屋王の変」と呼ぶのがおかしいのです。「長屋王家滅亡事件」、あえていえば「長屋王家冤罪《えんざい》事件」というべきでしょう。

「長屋王の変」の僅か六カ月後に、聖武の夫人であった藤原光明子が皇后になりました。「変」

から時間が近いため、光明子の立后のために「長屋王の変」が引き起こされたといわれてきました。この見解は京都大学教授岸俊男が説いて以来の定説です。確かにそうもいえますが、じつはそれだけではない、皇位継承の根本に関わるもっと重大な理由があったのです。

既に述べましたように、皇后には皇族がなると大宝律令に規定されています。これに対し、なにがなんでも光明子を皇后にしたい聖武と藤原氏は、光明子が故基皇太子の母であったことを以て、立后を正当化しました。順序が逆でしょうと言いたくなりますが、これを述べる宣命はつぎのようです（『続日本紀』）。

天つ位に嗣《つ》ぎ坐《ま》すべき次《つぎて》と為《し》て皇太子侍《はべ》りつ
是《これ》に由《よ》りて其のははと在《あ》らす藤原夫人を皇后と定め賜ふ

そもそも幼い基の立太子じたいが前例のない強引な措置でした。あろうことか、これを根拠とし、法令を拡大解釈して立后を強行したのです。ともに「夫人」であった宮子と光明子は、それぞれ「皇太夫人」、「皇后」となりました。藤原氏の〝向かうところ敵なし〟の状態です。

†女系皇族集団を一掃した大事件

長屋王がいたなら、夫人の立后は律令に反すると、必ずや異論を唱えたことでしょう。しかし問題がそれだけならば、死を宣告されるのは長屋王一人でよかったはずです。さきに述べたように犠牲者は長屋王のみならず、その妻、そして子息三名、さらには側室石川夫人の子にまで及びました。即位の可能性をもつ貴種であり、かつ藤原氏の血を全く引かない六名でした。

一方で、長屋王家に属しながら生き延びた人びとがいました。即位可能性のない者、あるいは藤原氏の血がながれている者は処分の対象外だったのです。石川夫人のほか、さきに述べたように、長屋王の側室に不比等の娘長娥子《ながこ》がいましたが、本人と四人の息子は全く罪に問われません。つまるところ、聖武と藤原氏のもとめる皇統にとって邪魔な者は全て命を絶たれたのです。

「長屋王の変」とは、聖武を囲い込む藤原氏が、父子直系の皇統をもとめて、邪魔になる蘇我女系皇族集団の長屋王家を力づくで滅亡させた事件だったのです。

この事実から、「長屋王の変」は、単に藤原光明子を皇后にするためだけではなかったことがはっきりします。〈父子直系〉を基軸とする皇位継承と、そこに藤原氏の娘を送り込む体制を確立するために、天皇と藤原氏は障害となる蘇我女系皇族集団を一掃したのです。

基皇太子と同年生まれの県犬養広刀自の子、安積親王も、基や孝謙と同じだけ持統の血を引いていました。基亡き今、安積親王には即位の可能性が十分あったはずですが、これを抑え込むかのように七三八年、聖武と光明皇后の娘阿倍内親王二十一歳が皇太子になりました。

（藤原長娥子が産んだ長屋王の遺児黄文《きぶみ》王、安宿《あすかべ》王は阿倍皇太子、そして孝謙天皇を了としない勢力によって再三擁立されるも、いずれも未遂に終った）

女性の皇太子は初めてであり、かつ最後。藤原氏にとって天皇は「男系男子」ならよいのではなく、そこに藤原の血が濃厚に入っていなければなりませんでした。男／女の性別より、藤原の血が優先されたのです。

安積親王は七四四年に十七歳で没しました。ここでまた持統の血が一つ途絶えました。死因は「脚の病」と『続日本紀』はいいますが、暗殺説があり、首謀者として武智麻呂の次男で光明皇后の甥、藤原仲麻呂の名が挙がっています。

しかしこうなる前に、皇族の宝庫であった長屋王家が滅亡に追い込まれた時点で、皇位継承の潮目は完全に藤原氏主導に移ったのでした。ここで持統王朝は展望を全く失いました。天皇家は藤原氏によって完全に包囲され、藤原氏抜きには存在できない天皇家となってゆきます。

我々の関心から重要なことは、蘇我女系皇族集団をなしていた長屋王家の滅亡により、双系継承にもとづく持統王朝が一気に空洞化し、急速に衰退の道をたどりはじめたことです。勿論聖武天皇には持統の血が僅かにながれており、後継の女性天皇孝謙（阿倍内親王）も濃度は落ちますが保ってはいます。しかし孝謙は不婚だったため、持統の血はここで止まりました。

聖武天皇も藤原氏も、持統天皇の血を保つ意識などさらさらなかったのです。

†蘇我女系皇族と入れ替わった藤原氏

ここで〈蘇我氏vs.藤原氏〉の観点から、あらためて持統王朝の来歴とその行方を見てみましょう（前掲系図）。

王朝の始祖であった持統は、蘇我馬子の孫である蘇我倉山田石川麻呂の孫でした（母方で）。持統の孫文武も当然この血を引いています。次に即位した元明も、持統とは腹違いながら同じく石川麻呂の孫（これも母方で）。その娘の元正も当然蘇我の血を引いています。その弟文武、妹吉備内親王は両親を共にする姉弟ですから血統的に全く同じです。

これを蘇我サイドから見ますと、持統の母である蘇我遠智娘《おちのいらつめ》と、御名部・元明の母である蘇我姪娘《めいのいらつめ》は石川麻呂を父とする姉妹。乙巳の変で蘇我本流は亡びたものの、クーデター側に立った蘇我傍流の石川麻呂は多くの娘を入内させており、蘇我系女子のネットワークを築いていました。そのなかで持統、その異母妹元明、その娘元正は皇位にさえ就いていたのです。

元正の次に文武の息子聖武が即位しますが、その母も妻も藤原氏。ここで初めて皇統に藤原の血が入りました。ここから藤原氏の准皇族化がはじまったといえるでしょう。

母方が、蘇我系皇族から一気に藤原氏に切り替わったのです。生々しくなりますが血液の濃度でくらべますと、聖武の蘇我氏濃度が一六分の三なのに対し、藤原氏濃度は二分の一。娘の阿倍内親王にいたっては蘇我氏濃度が三二分の三なのに対し、藤原氏濃度はなんと四分の三にもなります（倉本一宏『奈良朝の政変劇』）。

聖武の即位により、蘇我女系皇族は皇室の中心から周縁に押しのけられました。代わりに中心に躍り出たのが藤原氏です。母方を藤原氏で固め、天皇は〈父子直系〉でゆく。そこに娘を送り込む――。既に述べたように、これが藤原氏の戦略でした。

母が皇族出身でない聖武の次には、いわば揺り戻し的に、元正の妹吉備内親王・長屋王夫妻の子、膳夫《かしわで》王あるいはその弟が即位すれば、天皇の母は皇族という不文律を十分にクリアーします。そうなれば、これまでどおりの双系継承であり〈持統王朝〉がつづきます。

ところが、そうはさせじと、藤原氏は聖武に生まれたばかりの基王の立太子を急ぎ、この子が没すると、今度は長屋王家という蘇我女系皇族集団を力ずくで排除しました。長屋王家を全て亡き者にし、障害を取り除いたのです。〈父子直系〉の皇統樹立のために――

こうして藤原氏は蘇我女系皇族と入れ替わります。藤原氏は天皇家の奥深くまで喰い込んで屋台骨と化し、天皇家を内側からささえてゆきます。藤原氏は准皇族化してゆき、同時に天皇家は〝藤原化〟してゆきます。天皇は藤原氏を頼み、藤原氏は天皇家にとって欠くべからざる存在となります。

天皇家をめぐって換骨奪胎に近い出来事が起きたのです。しかも集団殺戮によって——。現代の我々が「男系」の問題を考える際に直視すべき事実でしょう。

†貴種六名を殺害して得た「男系」

長屋王を介して蘇我女系皇族に期待をかけてきた元正上皇でしたが、長屋王家滅亡という突然の事態に抗する術もありません。こころを通わせた妹吉備内親王、頼りにしていたその夫長屋王、期待をかけていた三人の甥をも喪った元正は、事態を力なく受け止めるよりほかありませんでした。

このあと元正は聖武とさまざまな軋轢を起こしたすえに、夢と挫折の波乱の生涯を閉じます。享年六十九。蘇我氏の血を引く女性天皇はここに終止符を打つのでした。

（以後、奈良時代に一名・二代、江戸時代に二名の女性天皇が輩出した。いずれも男系で継承した）

今に伝わる「男系」継承による皇統は、太古の昔から自ずとつづいてきたのではありません。臣下であった藤原不比等とその息子たち四兄弟が皇室に介入し、藤原の血を引く聖武天皇をつくりあげたうえにこれを囲い込み、長屋王家という有力な女系皇族集団を滅亡させたことによって確立されたのでした。

そして忘れてならないのは、「男系」の皇統は武力をともなう実力行使で獲得されたという事実です。「男系男子」をいまも現実とする現代の我々は、これをどうとらえたらいいのでしょうか。

「男系」継承確立の原点をあらためて問いなおすのか？

それとも、

「長屋王の変」以後に形成された藤原氏主導の「男系」継承を墨守するのか？

＊　＊　＊

ここまで持統「双系」王朝のはじまりから終わりまでを述べてきました。最後にまとめとして、男系／女系継承の問題に絞って〈持統王朝〉を通覧します。「男系」継承の確立が「双系」王朝の終わりを告げたプロセスを振りかえりましょう（系図と同じく▼は女性天皇）。

【持統▼から文武へ】

持統から文武へは、王朝の祖となった〈祖母から孫へ〉の譲位ですから勿論、女系継承。文武は女系の男性天皇です。持統と文武は、天孫降臨神話における皇祖アマテラスと天孫ニニギの関係になぞらえられました。この神話によって臣下と隔絶した神的権威が新天皇にあたえられたのです。持統は文武に譲位すると同時に、上皇として君臨します。〈持統王朝〉の骨格が整いました。

【文武から元明▼へ】

持統の没後になされた、〈文武から母元明へ〉という逆コースの継承は文武早逝に対する緊急避難的措置であり、まさに「中継ぎ」。文武の早逝がこれをもたらしました。この代替わりは、元明が天智の娘だったので可能となりました。ここで、時系列をさかのぼって、天智に起点がシフトしました。極めて変則的ながら男系継承というべきでしょう。この時、文武の姉氷高内親王、文武の妹吉備内親王の夫長屋王にも即位の可能性がありました。

天智が定めた、〈父子直系〉を規範とする「不改常典」が女性天皇元明の即位式に持ち出されました。天智の最側近であった藤原鎌足の息子不比等の策と考えられますが、こうなると元明は、どこから見ても「中継ぎ」扱いです。そして早くも代替わりの根拠が、天孫降臨神話から「不改常典」という法へとシフトしました。即位時には「中継ぎ」役を自覚していた元明ですが、即位してしまうと、娘たちからの突き上げもあったのでしょう、必ずしも単なる「中継ぎ」とは言い切れない本音が込み上げてくるのでした。

【元明▼から元正▼へ】

〈母元明から娘の元正へ〉は女系継承。早逝した文武の姉氷高内親王が即位しました。〈母から娘へ〉となれば、どのような立場から見ても女系継承。元正は女系の女性天皇であり、女性から女性への継承は史上初めてでした。元明は上皇となり元正をささえます。即位時三十六歳の元正が未婚だったのは、少女時代からこの日に備えていたからです。妹の吉備内親王は血統的に元正と全く同じですので、夫長屋王との間になした男子に皇位をつなげることが可能でした。それが〈持統王朝〉を永続させる道筋でした。しかしこのことが、のちに「長屋王の変」を呼び込んでしまう伏線となりました。

【元正▼から聖武へ】

元正から聖武へは、早逝した文武を介して〈伯母から甥へ〉の代替わり。〈タテ〉でも〈ヨコ〉でもなく、いわば〈ナナメ〉の変則的な継承です。元正は譲位の宣命で聖武を「我が子」

と呼び、聖武は即位の宣命で元正を「王祖母《おおきみみおや》」と呼びます（この場合、祖母は母の尊称）。元正が母役を担った、〈母から子へ〉の、擬制の女系継承です（実際、元正は聖武の「養母」だったとの説あり）。聖武は母も皇后も臣下の藤原氏。母が皇族でないのは、即位に関する暗黙のルールに著しく反していました。しかし藤原氏は政治力で押し切り、聖武の即位を実現しました。

藤原氏は持統を皇統から外し、即位していない草壁皇子を〝天皇〟とみなすことにより、〈草壁―文武―聖武―〉の皇統を立てます（「草壁皇統」）。これが藤原氏の構想する「男系」皇統の起点となります。この時、持統、元明、元正の女性天皇は「中継ぎ」として皇統から外されます。女性天皇たちを脇に追いやり、「草壁皇統」に発する「男系」の皇統を樹立して、そこに藤原氏の娘を送り込む。それが藤原氏の戦略でした。

吉備内親王・長屋王夫妻の男子には、聖武後継の可能性が依然としてありました。この場合、〈持統王朝〉はつづきます。このことが「長屋王の変」の起きる原因となりました。

【聖武から孝謙▼へ】

聖武から娘の孝謙へは、藤原氏の掲げる「草壁皇統」、即ち〈草壁―文武―聖武―〉の皇統につながりますので、男系継承。聖武には非・藤原系の男子安積《あさか》親王がいましたが、藤原系の娘阿倍内親王が立太子。男子か女子かより、藤原系か否かが優先されたのです。安積親王は六年後に早逝（暗殺説あり）。その後に阿倍内親王が即位して孝謙天皇となりました。この時、三十二歳。孝謙は不婚ゆえに、ここに〈持統王朝〉の血脈は途絶します。藤原氏に敗れ去りました。

エピローグ――「黒作懸佩刀」の話はどこまでほんとうなのか？

†「男系男子」の証とされる黒作懸佩刀の虚実

〈草壁皇子―文武―聖武〉の系譜が父子直系（＝男系男子）継承であったことをアピールし、これを導いたのが藤原不比等であったことを物語る品があったといわれます。

それが黒作懸佩刀《くろつくりかけはきのたち》。折に触れて言及してきましたが、本書を閉じるにあたり、最後に総括しておきましょう。

――（死期の迫りつつあった）草壁皇子から藤原不比等が受け取ったのが、皇子愛用の太刀「黒作懸佩刀」だった。草壁の遺児珂瑠王が即位するや（文武天皇）、太刀は不比等から文武に献上された。文武の逝去に際して太刀は再び不比等に戻された。そして不比等臨終の日に、太刀は文武の遺児で、のちに聖武天皇となる首皇太子に献上された。

以上は正倉院に保管されている「国家珍宝帳」に書かれた太刀の伝世譚です（拙訳）。珍宝帳は聖武没後、光明皇太后が聖武の遺品を東大寺大仏に納めた際の目録。太刀の長さは珍宝帳に「刃長一尺一寸九分」（三五・七センチ）とありますが、現存しません。

この太刀は護身用であり、女性天皇が所持してもおかしくないとの指摘があります。ところが、〈草壁―文武―聖武〉の間に存在した女性天皇の持統、元明、元正の名は珍宝帳にありません。持統王朝は完全に省かれて、なかったも同然です。持統朝の称制を含んだ八年、元明・元正朝の十七年、計二十五年もの重い軌跡はどこに行ってしまったのでしょうか？

不比等を介して草壁から文武をへて聖武まで伝世された黒作懸佩刀――

この太刀は、確かに存在していた持統王朝を完全になかったことにして、父子直系（＝男系男子）の皇統を象徴します。本論で述べましたように、即位を目前にして早逝した草壁皇子は藤原氏によって〝天皇〟に見立てられ、「男系」皇統の筆頭を飾るのでした（「草壁皇統」）。

この伝世譚こそ、藤原氏がもとめた、皇位継承のあるべき姿を伝えています。

三名の女性天皇はみな「中継ぎ」だったことになり、皇統から消されてしまいました。芝居がかったこの話は、いったい、どこまでほんとうなのでしょうか？

†あの仲麻呂を信用できるか

そもそもこの「国家珍宝帳」という文書自体のもつ性格を考える必要があります。この文書の最後には複数の署名があり、筆頭に大書されたのは「仲麻呂」。長屋王家滅亡事件の首謀者藤原武智麻呂の次男で、のちに孝謙上皇に反乱を起こして命を絶たれた、あの藤原仲麻呂です（別名、恵美押勝《えみのおしかつ》）。

かれは藤原氏の事績を過剰に伝える『藤氏家伝《とうしかでん》』の編纂者でもあります。長屋王家滅亡事件の首謀者であり、長屋王を糾弾した父の武智麻呂をつぎのように絶賛しています。

自分をほめることなく、他者の悪口を言わなかった。
清廉で、まっすぐな人柄であった。
公平で私情を交えることがなかった。
事実の判定を誤ることはなかった。

以上は一部を抜き出したものであり、賛辞はまだまだつづきます。長屋王家滅亡事件を起こした七二九年の記事では、勿論この事件に触れることなく、

（武智麻呂は）性格が温雅で、多方面の知識を身に付けていた。（略）政務の会議に際して

は、公平を旨として融和を図った。そのため、上級貴族も下級役人も無事平穏で、国内に怨《うら》みやそしりはなかった。

とまで賞讃し切っています。黒を白と言いくるめる根性はなまなかなものではありません。厚顔無恥とはこのことで、大変な策士というべきでしょう。すくなくともこの年に関しては、しらじらしく、真逆のことを書いているのはあきらかです。

太刀の伝世譚には、そのような人物であった仲麻呂の署名が筆頭に大書されているのでした。書かれた文字の雄渾さとは裏腹に、この伝世譚も、どこまで信用できるものやら、わかったものではありません。そうみるのが良識というものではないでしょうか。

この伝世譚にせよ、『藤氏家伝』にせよ、藤原氏の祖先顕彰の色があまりにも濃く、記事をそのまま信用することなどできないように思われるのです。

すくなくとも伝世譚の発端をなす、死期の迫った草壁皇子から不比等に太刀が託されたというところは出来過ぎで、作り話のようにもみえます。それは持統を皇統から外して、即位しなかった草壁を「男系」継承のはじまりとしたい藤原氏の野望を物語っているのではないでしょうか。これは〝後付け〟の話ではないか（倉本一宏『藤原氏の研究』）。

そのように話を盛ったにせよ、逆にそうであればこそ、藤原氏が熱望し長い時間をかけてようやく実現した皇統とは、まさしく父子直系（＝男系男子）の皇統であったことがわかります。そこに藤原氏は自家の娘を送り込みつづけるのでした。

時代は降り近代に入ってからも、藤原氏と皇室は深い縁でむすばれています。明治天皇の皇后、そして大正天皇の皇后で昭和天皇の母となった女性も藤原氏でした。それを思うと、古代といえどもけっして過ぎ去った遠い昔ではないことに改めて思いが至ります。

†もともと「男系男子」にこだわっていなかった

プロローグで触れましたように、「万世一系」「男系男子」からなる皇統は明治憲法と皇室典範で初めて明文化されましたが、もとを糺《ただ》せば、藤原氏が主張し実践してきた皇位継承のあり方に突き当たります。

本論で述べたところですが、男帝を戴く中国のあり方に我が国も合わせるべきだという公式論、表の論理がありました。基本、中国の律令を範とする律令国家日本において、天皇は男性であるべきだという主張は、律令国家をめざしていた我が国において説得力がありました。

建前はそうですが、当時の藤原氏の本音を深掘りすれば、また別の面も露わになってきます。精確に言えば、天皇は「男系」でなければならず、そこに藤原氏の血が入っていなければなりませんでした。これが大前提。そのうえで、「男系」女子より「男系」男子が優先され、そこに藤原の娘を送り込む。これが藤原氏の基本戦略でした。そこに生まれた天皇の最初が聖武天皇でした。

絶対に男子でなければならないのかといえば、必ずしもそうではありませんでした。なぜそう言えるのかといえば、実例があるからです。第五章で述べたように、聖武天皇には早逝した基皇太子と同年に生まれた、非藤原系を母とする安積《あさか》親王がいました。「男系男子」が鉄則ならば、基亡きあと、当然、この親王が皇太子になるはずです。ところがこれを押さえて、藤原の母をもつ阿倍内親王が立太子したのです（のちの孝謙天皇）。

このことからわかるように、同じ天皇の子であっても、藤原の血が入っていない男子より、入っている女子を優先させたのです。本論でも述べましたが、男か女かより、藤原か否か、が問われるのでした。そこに藤原氏の強烈な自家意識と専横があったことは否めません。

このように当時の藤原氏の本音としては、藤原の血がながれている「男系」の継承者が必須であり、男子をつよく望むものの、しかしそれは絶対の条件ではなかったのです。

しかし明治憲法と皇室典範はこれをさらに狭め、男子に限定しました。これは史上初めてのことでした。

（男子に限定するのは側室の存在を認めて初めて成り立つこと。事実、旧皇室典範はこれを認めてお

り、明治天皇も大正天皇も側室の子だった）

男子に限定するに際しては、紆余曲折がありました。皇室典範の審議過程で女性天皇を認める議論があったこと、しかも女性天皇容認論がむしろ優勢で総理大臣伊藤博文も認めていたこと、それが異能の官僚井上毅《こわし》によって土壇場で引っくり返されたことなどは知っておいてよいでしょう（奥平康弘『「萬世一系」の研究』）。

もっとも、最初から「男系」に限定されていたわけではありません。このことは本書で繰りかえし強調してきたところです。

藤原ダイナスティの前に、持統「双系」王朝の時代がしかとありました。本書はそれを歴史の深い地層から発掘してきました。現代に伝わるその残光こそ、アマテラスが主導する天孫降臨神話、そしてアマテラスを祭る伊勢神宮といえるでしょう。

そもそも天皇制システムが双系継承ではじまったのなら、「男系男子」にこだわる必要がどれほどあるのでしょうか？

だれしも単純な図式に陥りやすいものです。しかし歴史の事実はそう単純ではありませんでした。天皇制システムが樹立され、この国のかたちが定められた時代にあって、「男系男子」という堅苦しい観念に必ずしも囚われていたわけではなかったのです。

しかもそれが、貴種皇族を集団自死に追い込むという陰惨な事件によって勝ち取られたとなれば、複雑な想いが去来するのを禁じ得ません。

——そこに想いを馳せていただけるなら、著者として、以て瞑すべし。

最後までお読みいただきありがとうございました。

参考文献

基本文献

『古事記』倉野憲司校注、岩波文庫、一九六三年
『古事記』（新潮日本古典集成）西宮一民校注、新潮社、一九七九年
『日本書紀（一）（二）（三）（四）（五）』坂本太郎、家永三郎、井上光貞、大野晋校注、岩波文庫、一九九四―九五年
『続日本紀（一）（二）（三）（四）』直木孝次郎他訳註、東洋文庫、平凡社、（一）＝一九八六年、（二）＝一九八八年、（三）＝一九九〇年、（四）＝一九九二年
『続日本紀（上）（中）（下）』宇治谷孟全現代語訳、講談社学術文庫、（上）・（中）＝一九九二年、（下）＝一九九五年
『万葉集（一）（二）（三）（四）（五）』佐竹昭広、山田英雄、工藤力男、大谷雅夫、山崎福之校注、岩波文庫、二〇一三―一五年
『懐風藻』江口孝夫全訳注、講談社学術文庫、二〇〇〇年
『上宮聖徳法王帝説』東野治之校注、岩波文庫、一九四一年
『現代語訳　藤氏家伝』沖森卓也、佐藤信、矢嶋泉訳、ちくま学芸文庫、二〇一九年
『日本霊異記（上）（中）（下）』中田祝夫全訳注、講談社学術文庫、一九七九年
『倭国伝――中国正史に描かれた日本』藤堂明保、竹田晃、影山輝國全訳注、講談社学術文庫、二〇一〇年

【第一章】
井上光貞「古代の女帝」『天皇と古代王権』岩波現代文庫、二〇〇〇年
大山誠一『神話と天皇』平凡社、二〇一七年
熊谷公男『日本の歴史03 大王から天皇へ』講談社学術文庫、二〇〇八年
河内祥輔『中世の天皇観』山川出版社、二〇〇三年
篠川賢『継体天皇』吉川弘文館、二〇一六年
清家章『埋葬からみた古墳時代』吉川弘文館、二〇一八年
舘野和己「天武天皇の都城構想」『律令国家史論集』塙書房、二〇一〇年
筑紫申真『アマテラスの誕生』講談社学術文庫、二〇〇二年
エマニュエル・トッド／石崎晴己監訳『家族システムの起源（上）（下）』藤原書店、二〇一六年
林部均『飛鳥の都と藤原京』吉川弘文館、二〇〇八年
坂靖『ヤマト王権の古代学』新泉社、二〇二〇年
松木武彦「国の形成と闘い」『シリーズ古代史をひらく 前方後円墳——巨大古墳はなぜ造られたのか』岩波書店、二〇一九年
黛弘道「古代を彩る女帝と后」『古代史を彩る女人像』講談社学術文庫、一九八五年
義江明子『推古天皇』ミネルヴァ書房、二〇二〇年
吉村武彦『日本古代の社会と国家』岩波書店、一九九六年

【第二章】
荒木敏夫『日本古代の皇太子』吉川弘文館、一九八五年

荒木敏夫『日本の女性天皇』小学館文庫、二〇〇六年
井上亘『日本古代の天皇と祭儀』吉川弘文館、一九九八年
上田正昭『古代日本の女帝』講談社学術文庫、一九九六年
上田正昭「持統朝の歴史的意義」「中臣の寿詞の成立」『古代の日本と東アジアの新研究』藤原書店、二〇一五年
榎村寛之『伊勢斎宮の歴史と文化』塙書房、二〇〇九年
上山春平「記紀と律令」『続・神々の体系――記紀神話の政治的背景』中公新書、一九七五年
岡田精司『古代王権の祭祀と神話』塙書房、二〇一一年
岡田荘司『大嘗の祭り』学生社、一九九〇年
折口信夫「大嘗祭の本義」『古代研究Ⅱ――祝詞の発生』中公クラシックス、二〇〇三年
折口信夫「剣と玉」『折口信夫天皇論集』講談社文芸文庫、二〇一一年
岸俊男「律令制と都城」『日本の古代9　都城の生態』中央公論社（中公文庫）、一九九六年
工藤隆『大嘗祭――天皇制と日本文化の源流』中公新書、二〇一七年
熊谷公男「持統の即位儀と「治天下大王」の即位儀礼」『日本史研究』第474号、二〇〇二年
倉本一宏『藤原氏――権力中枢の一族』中公新書、二〇一七年
倉本一宏『藤原氏の研究』雄山閣、二〇一七年
神野志隆光『古事記と日本書紀』講談社現代新書、一九九九年
新谷尚紀『伊勢神宮と三種の神器――古代日本の祭祀と天皇』講談社メチエ、二〇一三年
諏訪春雄『日本王権神話と中国南方神話』角川選書、二〇〇五年
諏訪春雄『天皇と女性霊力』新典社新書、二〇〇八年
武澤秀一『建築から見た日本古代史』ちくま新書、二〇一七年

多田一臣『柿本人麻呂』吉川弘文館、二〇一七年
遠山美都男『名前で読む天皇の歴史』朝日新書、二〇一五年
谷川健一『大嘗祭の成立――民俗文化論からの展開』小学館、一九九〇年
福永光司「古代信仰と道教」『道教と古代日本』人文書院、二〇一八年
福山敏男『伊勢神宮の建築と歴史』日本資料刊行会、一九七六年
本郷和人・井上章一「神話と統治」『日本史のミカタ』祥伝社新書
松前健「天照御魂神と太陽崇拝」『日本の神々』講談社学術文庫、二〇一六年
三﨑裕子「キサキの宮の存在形態について」『日本女性史論集2 政治と女性』吉川弘文館、一九九七年
溝口睦子『アマテラスの誕生』岩波新書、二〇〇九年
柳田国男「稲の産屋」『海上の道』角川ソフィア文庫、二〇一三年

【第三章】

市大樹「藤原京――中国式都城の受容」『古代史講義【宮都篇】』ちくま新書、二〇二〇年
今尾文昭「野口王墓古墳」『飛鳥史跡事典』木下正史編、吉川弘文館、二〇一六年
今尾文昭「御廟野古墳」『天皇陵古墳』森浩一編、大巧社、一九九六年
岩永省三「二重権力空間構造論」『古代都城の空間操作と荘厳』すいれん舎、二〇一九年
小澤毅『日本古代宮都構造の研究』青木書店、二〇〇三年
小澤毅「飛鳥の都と古墳の終末」『岩波講座 日本歴史 第2巻 古代2』岩波書店、二〇一四年
小澤毅『古代宮都と関連遺跡の研究』吉川弘文館、二〇一八年
河上邦彦「束明神古墳」『飛鳥史跡事典』木下正史編、吉川弘文館、二〇一六年

木下正史「段ノ塚古墳」『飛鳥史跡事典』木下正史編、吉川弘文館、二〇一六年
鈴木靖民「日本古代国家への道」『発見・検証 日本の古代Ⅲ 前方後円墳の出現と日本国家の起源』KADOKAWA、二〇一六年
妹尾達彦『長安の都市計画』講談社メチエ、二〇〇一年
武澤秀一『伊勢神宮の謎を解く――アマテラスと天皇の「発明」』ちくま新書、二〇一一年
武澤秀一『伊勢神宮と天皇の謎』文春新書、二〇一三年
武澤秀一「天皇の住まいと皇位継承」『文藝春秋』二〇一七年七月号
鶴間和幸『中国の歴史03 ファーストエンペラーの遺産――秦漢帝国』講談社、二〇〇三年
藤堂かほる「天智陵の営造と律令国家の先帝意識」『日本歴史』第六〇二号
中野美代子『龍の住むランドスケープ――中国人の空間デザイン』福武書店、一九九一年
林部均『飛鳥の都と藤原京』吉川弘文館、二〇〇八年
矢澤高太郎『天皇陵の謎』文春新書、二〇一一年
矢澤高太郎『天皇陵』中公選書、二〇一二年

【幕間】
上田正昭「皇祖神の源流」『日本神話』岩波新書、一九七〇年
上田正昭『日本古代の女帝』講談社学術文庫、一九九六年
大平聡「世襲王権の成立」『日本の時代史2 倭国と東アジア』吉川弘文館、二〇〇二年
大平聡「古代の国家形成と王権」『王権を考える――前近代日本の天皇と権力』山川出版社、二〇〇六年
篠川賢『飛鳥の朝廷と王統譜』吉川弘文館、二〇〇一年

篠川賢『継体天皇』吉川弘文館、二〇一六年
遠山美都男『古代の皇位継承――天武系皇統は実在したか』吉川弘文館、二〇〇七年
直木孝次郎「文献から見た日本国家の形成――初期ヤマト政権の歴史」『直木孝次郎 古代を語る5 大和王権と河内王権』吉川弘文館、二〇〇九年
仁藤敦史『女帝の世紀――皇位継承と政争』角川選書、二〇〇六年
義江明子「女帝と女性天皇――八代六人の実像」『天皇・天皇制をよむ』東京大学出版会、二〇〇八年
義江明子『推古天皇』ミネルヴァ書房、二〇二〇年
吉村武彦「歴史学から見た古墳時代」『シリーズ古代史を開く 前方後円墳――巨大古墳はなぜ造られたのか』岩波書店、二〇一九年

【第四章、第五章、エピローグ】

浅野啓介「木簡が語る長屋王の変」『季刊考古学 112号』雄山閣、二〇一〇年
井上和人「古代遷都の真実――飛鳥宮・藤原宮・平城宮の謎を解き明かす」『古代はいま――よみがえる平城宮』クバプロ、二〇一一年
上田正昭『藤原不比等』朝日選書、一九八六年
上山春平『埋もれた巨像――国家論の試み』岩波書店、一九七七年
遠藤みどり「令制キサキ制度の基礎的研究」『日本古代の女帝と譲位』塙書房、二〇一五年
奥平康弘『「萬世一系」の研究（上）（下）』岩波現代文庫、二〇一七年
勝浦令子『孝謙・称徳天皇――出家しても政を行ふに豈障らず』ミネルヴァ書房、二〇一四年
北康広「律令法典・山陵と王権の正当化――古代日本の政体とモニュメント」『ヒストリア 168号』大阪歴

史学会
木本好信『藤原四子』ミネルヴァ書房、二〇一三年
倉本一宏『奈良朝の政変劇――皇親たちの悲劇』吉川弘文館、一九九八年
倉本一宏『持統女帝と皇位継承』吉川弘文館、二〇〇九年
倉本一宏『藤原氏――権力中枢の一族』中公新書、二〇一七年
倉本一宏『藤原氏の研究』雄山閣、二〇一七年
桜田真理恵「未婚の女帝と皇位継承――元正・孝謙天皇をめぐって」『駿台史学 第一五六号』
角田文衞「首皇子の立太子」『角田文衞著作集第三巻 律令国家の展開』法蔵館、一九八五年
寺崎保広『長屋王』吉川弘文館、一九九九年
遠山美都男『古代の皇位継承――天武系皇統は実在したか』吉川弘文館、二〇〇七年
仁藤敦史『女帝の世紀――皇位継承と政争』角川選書、二〇〇六年
東野治之『長屋王家木簡の研究』塙書房、一九九六年
森本公誠『聖武天皇』講談社、二〇一〇年
義江明子『県犬養三千代』吉川弘文館、二〇〇九年
義江明子「持統王権の歴史的意義」「元明天皇と奈良初期の皇位継承」『日本古代女帝論』塙書房、二〇一七年
吉川真司『天皇の歴史2 聖武天皇と仏都平城京』講談社、二〇一一年
渡辺晃宏『平城京一三〇〇年 全検証――奈良の都を木簡からよみ解く』柏書房、二〇一〇年
渡辺晃宏『日本古代国家建設の舞台 平城宮』新曜社、二〇二〇年
渡部育子『元明・元正天皇――まさに今、都邑を建つべし』ミネルヴァ書房、二〇一〇年

あとがき

読後、著者略歴をご覧になった読者のうち少なからぬかたがたは、なぜ建築家がこのような専門外のテーマの本を書いたのかと、疑問を抱いておられるかもしれません。

じつは建築や都づくりは、特に古代にあっては、最高権力者による政治判断の所産でした。建築と政治は極めて近いのです。そして建築は歴史をつくってきました。

プロローグで触れましたように、著者が持統天皇に注目するようになったきっかけは、伊勢神宮の建築の研究でした（『伊勢神宮の謎を解く』二〇一一年、『伊勢神宮と天皇の謎』二〇一三年）。この女性天皇の存在感の大きさに打たれ、探究の目は自ずとこの天皇の実績全般に及ぶようになりました。気がつけば、本書の執筆に到達していたというのが偽らざる実感です。

執筆に当たり『日本書紀』、『続日本紀』をはじめとする文献資料を読み込むのは勿論ですが、加えて、建築家としての視点を極力活かすように努めました。持統天皇のアイデンティティを建築や都づくりにもとめたのです。

具体的には、皇祖アマテラスを祭る萱葺《かやぶ》き、掘立《ほった》て柱の伊勢神宮。皇祖神をお迎えして新天皇が天皇霊を身体に取り込む大嘗祭《だいじょうさい》、床も張られないゴザ敷きの大嘗宮《だいじょうきゅう》。中国思想にもとづく持統王朝の都・藤原京、その中心を占める藤原宮。そこでは瓦葺《かわらぶ》き、礎石《そせき》建ちの大極殿《だいごくでん》と萱葺き、掘立て柱の内裏《だいり》が対比的でした。内裏は代替わりごとに建て替えられていました。歴代遷宮のなごりでしょうか。そして古墳の終末期に出現した、中国は八卦《はつけ》思想による八角墳の数々。

一方、持統天皇に重用された藤原不比等のアイデンティティの確立は、持統「双系」王朝の都・藤原京を棄てることからはじまりました。そして不比等は「藤原氏の、藤原氏による、藤原氏のための平城京」(第四章第3節)への遷都を断行します。なかでも注目されるのは、男系継承の確立にむけて、平城宮内の東宮《とうぐう》(皇太子の宮)と不比等邸の間に指呼《しこ》の関係を築いたことでした。

このように古代史を代表するビッグネームのアイデンティティを、それぞれが手掛けた建築や都づくりにもとめたところが、従来にはなかった本書のあたらしい視点といえるかもしれません。

藤原京から平城京への遷都では、多くの人びと、そして大量の物資が奈良盆地を南北に走る下《しも》ツ道と中《なか》ツ道を北上したことでしょう。それはまさしく持統王朝の双系継承から、藤原氏が天皇家にもとめる男系継承への道でありました。お気づきでしょうか、このことは第四章の章題「平城京遷都は「男系」継承への道」に象徴的に表われています。

言い換えますと、天皇家における男系継承は、平城京への遷都を契機として確立されたのです。このことは、建築や都づくりの観点を含めて男系/女系/双系の問題を論じたことによって得られた知見と、(手前味噌ながら)著者は感じているのですが、いかがでしょうか?

著者にとって本書は前著『建築から見た日本古代史』以来、じつに四年ぶりです。この間、じつにさまざまなかたから、さまざまなかたちでお力添えをいただきました。なかでも、長く苦しかった構想の時期を終始、粘りづよく伴走し励ましてくださった評論家の稲垣真澄氏。有益なアドバイスとともに、出版に向けて端緒を開いてくださった編集者の湯原法史氏。本書刊行の意義をいち早く察知され、決断してくださったちくま新書編集長の松田健氏。持ち前の緻密な言語感覚と行動力で仕事を的確に進めてくださった編集部の伊藤笑子氏。ここに挙げ切れないかたを含め、ささえてくださった皆さまにこころより感謝申し上げます。そして最後までお読みくださった読者の皆さまに。

——ありがとうございました。

二〇二一年三月　マスク・サピエンスの行き交う沈黙の春に

武澤秀一

ちくま新書
1570

持統天皇《じとうてんのう》と男系継承《だんけいけいしょう》の起源《きげん》
――古代王朝《こだいおうちょう》の謎《なぞ》を解《と》く

二〇二一年五月一〇日 第一刷発行

著者 武澤秀一（たけざわ・しゅういち）

発行者 喜入冬子
発行所 株式会社 筑摩書房
東京都台東区蔵前二-五-三 郵便番号一一一-八七五五
電話番号〇三-五六八七-二六〇一（代表）
装幀者 間村俊一
印刷・製本 株式会社 精興社

ISBN978-4-480-07398-3 C0221

ちくま新書

1300 古代史講義
——邪馬台国から平安時代まで
佐藤信編
古代史研究の最新成果と動向を一般読者にわかりやすく伝えるべく15人の専門家の知を結集。列島史の全体像が1冊でつかめる最良の入門書。参考文献ガイドも充実。

1207 古墳の古代史
——東アジアのなかの日本
森下章司
社会変化の「渦」の中から支配者が出現した、古墳時代の中国・朝鮮・倭。一体何が起こったのか。日本と他地域の共通点と、明白な違いとは。最新考古学から考える。

1470 皇室法入門
園部逸夫
喫緊の難題である皇位継承問題をはじめとして、すべての皇室問題を考える前の必読書。天皇制とは何か、象徴と世襲という制度の根本から第一人者が解きほぐす。

1497 人事の古代史
——律令官人制からみた古代日本
十川陽一
報復左遷、飼い殺し、飼い慣らし……。天皇を中心に国を統治をするために様々な人の差配が必要となった。国家の礎となる官人とその支配制度に光を当てた一冊。

713 縄文の思考
小林達雄
土器や土偶のデザイン、環状列石などの記念物は、縄文人の豊かな精神世界を語って余りある。著者自身の半世紀近い実証研究にもとづく、縄文考古学の到達点。

734 寺社勢力の中世
——無縁・有縁・移民
伊藤正敏
最先端の技術、軍事力、経済力を持ちながら、同時に、国家の論理、有縁の絆を断ち切る中世の「無縁」所。第一次史料を駆使し、中世日本を生々しく再現する。

791 日本の深層文化
森浩一
稲と並ぶ隠れた主要穀物の「粟」。田とは異なる豊かさを提供してくれる各地の「野」。大きな魚としてのクジラ。——史料と遺跡で日本文化の豊穣な世界を探る。

ちくま新書

1093
織田信長
神田千里
信長は「革命児」だったのか？　近世へ向けて価値観が大転換した戦国時代、伝統的権威と協調し諸大名や世間の評判にも敏感だった武将の像を、史実から描き出す。

1034
大坂の非人
——乞食・四天王寺・転びキリシタン
塚田孝
「非人」の実態は、江戸時代の身分制だけでは捉えられない。町奉行所の御用を担っていたことなど意外な事実を明らかにし、近世身分制の常識を問い直す一冊。

618
百姓から見た戦国大名
黒田基樹
生存のために武器を持つ百姓。領内の安定に配慮する大名。乱世に生きた武将と庶民のパワーバランスとは——。戦国時代の権力構造と社会システムをとらえなおす。

1144
地図から読む江戸時代
上杉和央
空間をどう認識するかは時代によって異なる。その違いを象徴するのが「地図」だ。古地図を読み解き、日本の形を作った時代精神を探る歴史地理学の書。図版資料満載。

1198
天文学者たちの江戸時代
——暦・宇宙観の大転換
嘉数次人
日本独自の暦を初めて作った渋川春海を嚆矢とする「江戸の天文学者」たち。先行する海外の知と格闘し、暦・宇宙の研究に情熱を燃やした彼らの思索をたどる。

1219
江戸の都市力
——地形と経済で読みとく
鈴木浩三
天下普請、参勤交代、水運網整備、地理的利点、統治システム、所得の再分配……地形と経済の観点を中心として、未曾有の大都市に発展した江戸の秘密を探る！

1294
大坂　民衆の近世史
——老いと病・生業・下層社会
塚田孝
江戸時代に大坂の庶民に与えられた「褒賞」の記録を読みとくと、今は忘れられた市井の人々のドラマが見えてくる。大坂の町と庶民の暮らしがよくわかる一冊。